Z'azImut

Les ombres du Vésuve

• SIX HISTOIRES DE VOLCANS •

FLEURUS

www.editionsfleurus.com

Collection dirigée par Christophe Savouré
et animée par Emmanuel Viau

Direction artistique : Laurent Quellet
Édition : Laetitia Hérault

15-27 rue Moussorgski – 75018 Paris
Dépôt légal : avril 2005
ISBN 10 : 2 215 05326-7
ISBN 13 : 978 2 215 05326-2

Loi n° 49-956 du 16 juillet 1949 sur les publications destinées à la jeunesse.

Sommaire

Les ombres du Vésuve

de Marie Bertherat
illustré par Thierry Alba

25 décembre 2005, 7 heures du matin

Sofia Perazzini se tient accroupie, parfaitement immobile, sur le cratère du Vésuve. Seule sa chevelure ondule sous le léger vent chargé de gaz soufré qui souffle au-dessus du volcan. Ses longs cheveux gris qu'elle a toujours refusé d'attacher flottent autour de son visage car, malgré le danger, elle a retiré le casque qui la protège. C'est la première fois que la vulcanologue prend ce risque, mais pour Sofia le Vésuve n'est pas n'importe quel volcan. C'est *son* volcan.

Sofia Perazzini plisse ses yeux d'un brun presque noir, non pour mieux voir ce qui se passe au fond du cratère, mais pour mieux replonger dans ses souvenirs. Elle se rappelle soudain cette année 1944 où le Vésuve est entré en éruption comme un gamin qui pique une colère, de tout son corps, de toute son âme. Sofia était aux premières loges. Elle habitait alors Pozzuoli, un quartier populaire de Naples. De sa chambre, elle avait une vue à cent quatre-vingts degrés sur le volcan. De sa fenêtre, la petite fille a tout vu, tout entendu. Et elle a cru mourir. Mais finalement, non. La lave s'est arrêtée avant sa maison. Sofia et sa famille ont survécu au courroux de la montagne.

Depuis, les volcans obsèdent littéralement Sofia. Nuit et jour, trois cent soixante-cinq jours par an, elle ne pense qu'à eux et ne vit que pour eux. Pour eux, elle a passé trois années sur les bancs d'une prestigieuse université américaine à potasser des matières aussi ardues que la géologie, la chimie ou la physique afin de décrocher son diplôme de vulcanologue. Pour eux, elle n'a pas hésité à sillonner la planète, à traverser les cinq continents. Elle a parcouru des milliers de kilomètres pour bonne part en avion, train, car, bateau, hélicoptère mais aussi à pied ou à dos de mule. Elle a escaladé les flancs des volcans d'Hawaii, Tenerife, la Réunion, la Martinique, la Nouvelle-Zélande, le Pérou. Elle s'est penchée au-dessus des cratères les plus menaçants de la Terre avec pour seule protection sa combinaison ignifugée en Nomex[1], son casque en forme de heaume qui lui descend jusqu'aux épaules et ses énormes godillots à épaisses semelles. Pourtant, souvent, à force de marcher sur des sols à plus de cent degrés, elle s'est brûlé la plante des pieds.

Oui, Sofia Perazzini ne s'est jamais mariée, elle n'a jamais eu d'enfants et ses très rares amis sont ses collègues. Mais comment vivre une vie de femme normale quand on risque à tout moment d'être appelée au chevet d'un volcan qui menace d'entrer en éruption ? Sofia Perazzini a totalement dédié sa vie aux volcans et passé son existence à ausculter les entrailles de la Terre. Elle a participé à l'installation d'observatoires vulcanologiques au pied de plus d'une cinquantaine de volcans. Grâce à son travail acharné et à son courage, des stations de surveillance perfectionnées mesurent la température du sol et enregistrent la moindre secousse tellurique[2] annonciatrice d'une éruption. Car la même question hante toujours Sofia : quand ? Quand le magma[3] va-t-il franchir l'écorce terrestre pour jaillir vers le ciel au risque de tout dévaster sur son passage ?

Ce *quand* poursuit Sofia Perazzini jusqu'à lui faire perdre le sommeil, l'appétit et parfois même le sens de l'humour. Et pourtant, pourtant, au fond

1. Tissu à base de Téflon.
2. Tremblement de terre.
3. Mélange de roches fondues qui se forme à l'intérieur de la Terre et qui peut remonter à la surface.

d'elle-même en grand secret, elle n'attend que cela : que le volcan auprès duquel elle est accourue se ranime, comme cette nuit de l'été 1944 où le Vésuve a piqué une colère.

L'Italienne ferme les yeux. Le souffle chaud du Vésuve lui chatouille les narines. Une fumerolle[4] s'échappe du cratère, elle hume son odeur soufrée et murmure : « Vésuve, mon cher Vésuve, s'il te plaît, ne te fâche pas sans moi. Tant pis si cela doit me coûter la vie. »

Et c'est à ce moment que l'inattendu survient. Alors que la station de surveillance du Vésuve n'a enregistré que quelques discrètes secousses depuis le début de la matinée, voilà que la montagne gronde comme un lion de la savane. Sofia se relève d'un bon. D'un geste, elle ramasse son casque et le fiche sur sa tête. À travers la visière en verre Triplex couvert de fines feuilles d'or qui lui protège les yeux, elle se penche au-dessus du cratère. Un juron italien s'échappe de ses lèvres. Une lave d'un splendide rouge orangé monte lentement vers le sommet du volcan. Le Vésuve vient de se réveiller !

16 décembre 1631, 7 heures du matin

La tête de Fosco Perazzini roule sur l'oreiller. Son visage se crispe, ses mains agrippent les draps.

4. Émanation de gaz à très haute température.

Le garçon a l'impression d'étouffer. Il est dans une petite boîte, affreusement sombre où l'air commence à manquer. Il a chaud, il a peur, il veut crier, mais aucun son ne sort de sa gorge.

Fosco se dresse brusquement sur son séant et ouvre grands les yeux. Dans la demi-pénombre de la vaste chambre à coucher, il distingue peu à peu les lits où ses trois frères dorment encore. Le garçon relâche la tension de ses muscles et se laisse tomber en arrière. Un soupir de soulagement monte de sa poitrine. Il est chez lui, dans sa maison, dans sa chambre. Tout cela n'était qu'un horrible cauchemar.

Fosco se frotte le visage pour chasser les dernières images de son rêve, comme on efface un dessin sur le sable. Il a la bouche toute sèche et une terrible envie de boire. De toute façon, il est presque l'heure de se lever. Entre les fentes des volets clos, l'aube blanchit. Bientôt, il fera jour.

Fosco sort de son lit. Il s'habille, silencieux comme un chat pour ne pas réveiller ses frères, puis se glisse hors de la chambre à coucher et descend l'escalier qui mène à la cuisine. Le garçon verse de l'eau dans une timbale et boit goulûment. Déjà il se sent mieux, maintenant il a faim. Le pain est bon ; mâcher achève de dissiper son mauvais rêve.

Dans le vestibule, le garçon prend son gilet en peau de mouton qu'il enfile. Puis il sort, en refermant doucement la porte derrière lui. Dehors, l'air est frais, presque piquant. La masse sombre du Vésuve se découpe dans le ciel, un géant tranquille et familier. Fosco lève les yeux vers la montagne qu'il a si souvent gravie avec ses frères. Un jour, ils sont même montés jusqu'au cratère du volcan. Il y avait un trou immense, il ne fallait pas tomber dedans.

Il y a très longtemps, le volcan a craché du feu et des pierres. C'était il y a cinq ou six cents ans. C'est fini, le Vésuve n'est plus qu'une montagne comme une autre. Tout à fait calme, tout à fait paisible. Il ne tue plus personne. Mais grâce à lui, la terre ici est plus féconde qu'ailleurs. C'est à cause des cendres expulsées du cratère qui ont fertilisé la terre. Tout depuis pousse sans effort : le blé, la vigne, les oliviers…

La famille Perazzini possède des dizaines d'ares d'oliveraies sur les pentes du Vésuve. Fosco et ses frères entretiennent les arbres, cueillent les olives et les pressent. La mère va vendre l'huile sur les marchés de Naples. Le commerce fait vivre la famille.

Fosco prend la pioche dans la remise à outils et s'engage sur le sentier qui serpente le long des flancs du volcan. Il doit s'occuper de cet olivier qui pousse trop près d'un autre et va creuser un nouveau trou pour pouvoir le replanter.

Le jeune paysan n'épargne pas sa peine. Il cogne sans répit, la cavité est déjà bien profonde. La pioche heurte une pierre. Fosco se penche et s'accroupit pour la retirer, sans quoi il risque de casser son outil. Mais ce n'est pas un gros caillou, on dirait une dalle ! Il la dégage à la main. Quelque chose est inscrit dessus. Si seulement il savait lire !

En tout cas, il se demande bien ce qu'elle fait ici. À la réflexion, la dalle ressemble un peu à une tombe. Il y a peut-être un cadavre dessous. Quelle idée de se faire enterrer à l'emplacement exact qu'il a prévu pour son olivier ! Fosco est soudain très fâché contre ce mort qui va l'obliger à creuser un autre trou. Pour la peine, il crache sur la tombe.

Mais que se passe-t-il ? La pierre tremble sous les pieds du garçon ! Vite, il dessine un signe de croix sur sa poitrine. Il n'aurait jamais dû insulter le mort, celui-ci s'est vengé depuis l'au-delà. Voilà que la dalle tremble à nouveau. Cette fois, Fosco commence à paniquer. Vite, il bondit hors de la fosse.

Une nouvelle secousse particulièrement violente le renvoie au fond du trou. Le garçon n'en mène pas large. Maintenant, il a l'impression que c'est tout le flanc de la montagne qui vibre et gronde. La dalle se déplace sous ses pieds. Fosco tombe à la renverse dans le trou. Mais une nouvelle secousse pousse la dalle, refermant le caveau au-dessus de sa tête. Fosco est prisonnier. Il voudrait crier, appeler au secours, mais aucun son ne sort de sa bouche. Comme dans son rêve…

24 août 79, 10 heures du matin

Julia porte l'arrosoir plein à bout de bras. C'est lourd, mais la jeune esclave a l'habitude. Depuis qu'elle sait marcher, elle travaille. Elle a déjà servi trois maîtres différents. Marcus Umbricius est le dernier en date. Il l'a achetée voici six mois au marchand d'esclaves de la rue de l'Abondance pour un prix dérisoire, arguant du fait qu'il manquait à la jeune fille trois incisives. Marcus Umbricius a fait une bonne affaire, Julia est dure à la peine et ne se plaint jamais. Son nouveau maître se fiche bien qu'elle soit édentée. Sa femme estime même que ces dents en moins sont une bonne chose : leur esclave ne risquera pas de les mordre.

Julia verse l'eau aux pieds des iris. Elle prend garde à ne pas mouiller les feuilles, sans quoi le soleil qui brille déjà fort risquerait de les brûler. La jeune fille aime s'occuper du jardin. Les plantes sont ses amies, plus que les humains ne l'ont jamais été. D'ailleurs Julia a un rêve : posséder son propre jardin où elle sèmerait les fleurs avec lesquelles elle s'entend le mieux. Seulement, les esclaves ne possèdent presque rien et certainement pas leur propre terre.

Julia regarde l'eau qui mouille et assombrit la terre. Elle est contente parce que ses maîtres se sont absentés pour trois jours. Ils ont emmené avec eux les autres domestiques, mais Julia est restée s'occuper du jardin. Avec la chaleur d'août, les végétaux réclament en effet des soins constants.

La jeune fille arrose le petit pot de *Mimosa pudica*. Cette drôle de plante est sa préférée. Ses minces feuilles se recroquevillent quand on les touche. Julia trouve qu'elle lui ressemble, elle non plus ne supporte pas les contacts physiques. Peut-être le souvenir des coups que son premier maître lui distribuait en quantité. C'est à cause de lui qu'elle a perdu ses dents.

Julia s'immobilise. Elle a l'impression que le sol a tremblé sous ses pieds. C'est une sensation plutôt pénible. Cela arrive de temps en temps dans la région, mais la jeune fille ne s'y habitue pas. C'est comme si on ne pouvait plus faire confiance à la terre... Ses yeux se pose sur *Mimosa pudica*. La plante aussi est sensible aux vibrations terrestres, elle vient de refermer ses feuilles...

Et les oiseaux ! Ils volettent en tous sens à travers le jardin, sautent de branche en branche sans trouver où se poser. Le chien du voisin n'est pas en reste. Il tire sur sa chaîne en aboyant comme un fou furieux. Décidément, les animaux sont bien nerveux ce matin.

24 août 79, midi

Julia s'apprête à rentrer dans la maison du maître. Elle a fini de désherber le massif de fleurs et à présent le soleil tombe à pic. Il fait bien trop chaud pour rester dehors. Mais soudain un craquement assourdissant retentit. Julia sursaute violemment. On dirait que le ciel a explosé ! Elle lève les yeux vers l'azur et découvre, abasourdie, une immense colonne d'un rouge ardent qui s'élève du Vésuve. La montagne, toute proche, crache du feu ! Pas quelques étincelles, un énorme jet de flammes qui monte très haut dans le ciel et dégage une épaisse fumée noire. La jeune esclave observe le spectacle, à la fois terrifiée et fascinée.

Il faut qu'elle s'efforce de retrouver son calme. Il n'y a pas de raison de s'inquiéter, le Vésuve est bien à une vingtaine de kilomètres de Pompéi. D'ailleurs, tout va bientôt rentrer dans l'ordre. En tout cas, elle l'espère.

24 août 79, midi et demi

C'est terrible, cela ne s'arrête pas, au contraire. Le Vésuve continue de gronder. Les explosions se succèdent. D'énormes blocs de lave s'échappent à jets continus du cratère et montent dans le ciel. Il y a de plus en plus de fumée. Le nuage noir a pris la forme d'un pin avec un tronc très long et de multiples branches qui ne cessent de s'étendre car le vent s'est mis à souffler. Julia commence à craindre que la fumée noire n'arrive jusqu'à Pompéi. Elle n'est pas la seule. Par-dessus les murs qui protègent la propriété du maître, elle entend des cris, des exclamations. Les habitants de la ville sont inquiets.

24 août 79, 13 heures

Julia est toujours dans le jardin à surveiller le volcan. Les bras étroitement croisés sur la poitrine, elle ressemble à *Mimosa pudica* aux feuilles tou-

jours recroquevillées. Les oiseaux se sont tous envolés, un étrange silence règne dans le jardin. Même le chien du voisin s'est tu, épuisé par ses propres aboiements ou terrifié par ce qui se passe. Un papillon gris se pose sur la joue de Julia. D'un geste machinal, elle veut le chasser. Il s'écrase sous ses doigts. C'est un morceau de cendre ! Un autre tombe sur son épaule, d'autres sur ses bras et ses cuisses et restent collés sur ses vêtements. Il pleut des cendres ! Le nuage noir est arrivé sur Pompéi.

24 août 79, 14 heures

Julia devrait peut-être rentrer se mettre à l'abri dans la maison du maître, mais elle n'y arrive pas. Dans le jardin, avec les arbres, les fleurs, les plantes qu'elle aime, elle se sent moins seule, moins vulnérable. Il fait de plus en plus sombre. La cendre qui ne cesse de tomber sur la ville obscurcit le ciel. C'est comme si la nuit venait de tomber, à deux heures de l'après-midi.

À ces poussières grises commencent à se mêler de petits morceaux de pierres chaudes. Elles atterrissent un peu partout dans le jardin, légères comme des plumes. Ce sont des fragments de roches volcaniques expulsés du volcan. L'herbe, la terre, le toit de la maison en sont recouverts.

24 août 79, 15 heures

Julia tousse et se plie en deux. Une odeur âcre et suffocante s'est répandue dans l'air. Quand elle respire, elle a mal à la poitrine. Pour la première fois, la jeune esclave songe à s'en aller : sortir du jardin, quitter la ville, fuir cette atmosphère asphyxiante. Pourtant Julia hésite, ses maîtres lui ont confié la garde de la maison et du jardin. Qu'arrivera-t-il si elle abandonne son poste ? Des voleurs entreront dans la maison et prendront ce qui s'y trouve. Ses maîtres la puniront, ils lui donneront des coups de bâton. Mais si elle reste, ne va-t-elle pas mourir, étouffée à petit feu ?

Julia tourne en rond sous la pluie de cendre. Jamais de toute sa vie elle n'a eu à prendre de décision. D'habitude, elle obéit aux ordres. Alors que faire ? Rester et peut-être mourir, ou fuir et être sévèrement battue au retour ? Elle lève les yeux vers le ciel noir, une volée de cendres lui tombe sur le visage, l'aveugle et la fait suffoquer. Elle partira.

24 août 79, 15 h 30

Julia n'emporte qu'une seule chose avec elle : *Mimosa pudica*. La petite plante en pot n'est pas lourde et elle risque de mourir sous la cendre. Elle la glisse dans la poche de sa tunique.

Les rues de Pompéi sont méconnaissables. Tout est recouvert d'une épaisse couche de cendre : la chaussée, les charrettes, les hommes, les animaux, les toits des maisons sont d'un gris étrange, presque irréel. Les gens crient, gémissent, pleurent. Certains courent en tous sens comme s'ils étaient devenus fous. D'autres se sont arrêtés au milieu de la rue et prient les dieux pour que le cauchemar cesse. La plupart ont un coussin, un vêtement plié ou une tuile sur la tête pour se protéger des chutes de pierres.

Julia n'a pas pensé à s'équiper. Elle n'a que son mouchoir qu'elle plaque sur son visage pour ne pas être asphyxiée par l'air vicié, ni avaler les cendres qui tombent du ciel. Elle avance les bras repliés sur la tête, légèrement penchée en avant. Elle voudrait courir, mais il fait si sombre qu'on ne voit pas à deux pas. Souvent, elle se cogne contre un passant ou une charrette abandonnée au milieu de la chaussée, les roues prisonnières des cendres. Dans certaines rues, des maisons se sont effondrées à cause des explosions qui ébranlent les murs. Les pierres écroulées rendent la progression encore plus difficile.

24 août 79, 17 h 10

Enfin, la porte de la ville ! Ils sont nombreux à s'y presser au même moment, mais Julia réussit à se frayer un passage. La voilà hors des murs de Pompéi. Elle suit la foule qui dévale vers la mer. Tout le monde cherche à s'éloigner du Vésuve qui continue à gronder et à exploser, lâchant dans le ciel ses jets de lave fumante.

Sous les pas de la jeune fille, le sol vibre et tremble. Elle trébuche et chute. Ses genoux et ses paumes sont en sang. À côté d'elle, un vieillard s'est effondré. Elle l'aide à se relever et lui propose son bras pour continuer. Il la remercie d'un signe de tête car il n'a plus la force de parler, mais lui fait signe de reprendre sa course, seule. Elle refuse de l'abandonner et glisse d'autorité son bras sous le sien. Cette fois, le vieil homme ne proteste pas.

Tout en marchant près du vieil homme, Julia se rend compte que c'est la seconde décision importante qu'elle vient de prendre de la journée. Peut-être même, ces deux décisions sont-elles les seules qu'elle a prises de toute sa vie. Parce que les esclaves n'ont pas de liberté, ils n'ont pas non plus de choix à faire. Pour la première fois, Julia se demande ce que serait son existence si elle n'avait plus de maître. Si elle était... *libre !* Rien que de penser à ce mot, elle sent un frisson lui parcourir la nuque. Une idée traverse son esprit : et si elle ne revenait pas chez ses maîtres ? Et si cette fuite hors de la ville était finalement sans retour ? Alors malgré la cendre et les pierres qui tombent, les gaz soufrés qui lui brûlent les poumons et la lave qui menace, la jeune fille sent une bouffée d'allégresse l'envahir. Comme la vie est étrange ! Tout va mal et la voilà joyeuse !

24 août 79, 18 heures

La mer ! Julia et le vieillard – il s'appelle Achilus – sont arrivés sur la plage. L'idéal serait de monter à bord d'un bateau pour mettre encore plus de distance entre eux et le volcan. Seulement, les vagues sont gigantesques ! Quelle embarcation pourrait se risquer à les affronter ? Achilus se penche vers Julia et murmure à son oreille. Il lui demande d'observer la mer. C'est alors que la jeune fille s'aperçoit que les vagues roulent en sens contraire, déferlant non vers le rivage mais vers le large ! La mer s'éloigne, comme repoussée par les secousses du volcan. Quant à l'eau, elle semble en ébullition ! D'ailleurs de la fumée s'en échappe. Non, aucun bateau ne pourra prendre le large !

25 août 79, minuit

Sur la plage, Julia et Achilus ont fini par s'endormir l'un contre l'autre, épuisés. Autour d'eux, on continue à gémir, à pleurer, à appeler au secours. Des enfants cherchent leurs parents, des parents cherchent leurs enfants, des maris leur femme, des femmes leur mari. Julia et Achilus, eux, n'avaient personne à chercher, ils sont tous les deux seuls au monde. Le vieil homme a perdu sa femme voilà des années de cela et ils n'ont jamais eu d'enfants.

25 août 79, 5 heures du matin

Un terrible grondement retentit au loin. Julia et Achilus se réveillent en sursaut. D'un même mouvement, ils se tournent vers le Vésuve. Un nuage rougeoyant apparaît sur les flancs de la montagne et soudain c'est l'explosion. Ils ont l'impression qu'elle est encore plus forte que les précédentes. Ils attendent que, comme la veille, la colonne de feu s'élève vers le ciel. Ce qu'ils découvrent est encore plus terrible : au lieu de monter, les flammes s'échappent du cratère et dévalent la montagne à une vitesse stupéfiante[5] ! C'est une véritable avalanche de feu ! La coulée de cendres brûlantes se dirige tout droit vers Pompéi. Julia presse la main d'Achilus dans la sienne. Dans un instant, la ville sera dévastée. Heureusement, ils sont maintenant trop loin pour que la cendre incandescente puisse les atteindre.

Un an après l'éruption, an 80

Mimosa pudica a beaucoup grandi. C'est une jolie plante, mais elle est toujours aussi timide. Julia, elle, l'est un peu moins. Chaque jour, elle prend un peu plus d'assurance. L'éruption volcanique qui a détruit Pompéi a bouleversé sa vie.

Là où Julia s'est installée avec son ami Achilus, personne ne sait qu'elle était auparavant une esclave. Achilus est le seul à connaître son secret. Ensemble, ils se sont construit une maison. Elle n'a qu'une seule pièce, mais c'est bien assez pour eux deux.

Depuis leur modeste logis, Julia et Achilus ont vue sur le flanc sud du Vésuve. La montagne est encore recouverte de lave séchée et de tous les débris expulsés lors de l'éruption, et ce jusqu'à trente kilomètres à la ronde. Tout est gris et rien ne pousse. La ville de Pompéi a d'ailleurs complète-

5. Deux cents kilomètres à l'heure.

ment disparu. La couche de cendre durcie qui la recouvre atteint cinq à sept mètres de hauteur.

Tout cela est désolant à voir, pourtant Julia n'est jamais triste quand elle contemple ce paysage dévasté. C'est grâce à cette tragédie qu'elle a gagné sa liberté. Ses anciens maîtres ne l'ont jamais réclamée, ni même recherchée. Ils la croient morte comme les trois mille personnes qui ont péri à Pompéi, asphyxiées par les gaz et brûlées par les cendres.

Onze ans après l'éruption, an 90

La vie a repris ses droits. Là où le sol n'était que cendre et lave, la terre est réapparue. Une terre incroyablement fertile qui porte de beaux arbres et de splendides moissons. Achilus est mort depuis longtemps, mais Julia va très bien. Six ans auparavant, elle a rencontré un homme qui aime ses dents cassées et l'a épousé. Ils sont venus s'installer avec leurs enfants un peu plus près du Vésuve. Ils n'ont pas peur du volcan, ils pensent qu'à présent, il n'est plus dangereux. Il a craché tout ce qu'il avait dans ses entrailles. Sur le sol si fécond qui entoure leur maison, ils ont planté des oliviers. Avec leurs fruits qu'ils pressent, ils fabriquent une bonne huile couleur d'ambre. Julia est heureuse parmi ses arbres. Elle a toujours un petit pot de *Mimosa pudica* sur le rebord de sa fenêtre.

Vingt-deux ans après l'éruption, an 101

Julia meurt. Selon ses volontés, son fils aîné l'enterre dans le jardin familial, un petit pot de *Mimosa pudica* posé sur la poitrine. Il a taillé dans la pierre un tombeau pour sa mère sur lequel il a gravé son nom.

Mille cinq cent cinquante-deux ans après l'éruption 16 décembre 1631, 9 heures du matin

Comment Fosco Perazzini s'est-il retrouvé dans cette tombe ? Il l'ignore. Mais là au moins, il se sent à l'abri. Ce qui se passe dehors semble terrifiant. En tout cas d'après ce qu'il entend : des grondements de fauve et des explosions à rendre sourd. Il y a aussi tous ces tremblements et ces secousses. Et puis cette chaleur d'enfer qu'il sent dès qu'il effleure les parois du caveau.

Heureusement qu'il est là-dedans, sans quoi, il y a longtemps qu'il serait mort étouffé sous une tonne de terre et de cendres brûlantes. Parce que maintenant, Fosco a compris ce qui se passait : le Vésuve s'est réveillé ! Après plus d'un siècle, depuis la dernière éruption, il s'est remis à cracher du feu. Le rêve que Fosco a fait cette nuit était bel et bien prémonitoire.

Ce qui inquiète le garçon, c'est la raison de ce réveil. En est-il responsable ? Est-ce parce qu'il a craché sur la tombe que le volcan s'est mis en colère ? Dieu aurait puni Fosco d'avoir insulté un mort... Le garçon se sent horriblement coupable. À cause de lui, sa maison, sa famille, ses oliviers sont peut-être ensevelis sous la lave.

Combien de temps va-t-il devoir rester dans cette tombe avec les restes de cette personne qu'il ne connaît pas ? Parce qu'il y a des ossements dans cette tombe, Fosco les a sentis même si l'obscurité l'empêche de les voir. Oui, combien de temps ?

16 décembre 1631, 14 heures

Cela fait un moment que le garçon n'entend, ni ne sent plus rien. Ni grondement, ni explosion, ni vibration, ni tremblement. Est-ce enfin terminé ? Le calme est-il définitivement revenu à la surface ? Va-t-il pouvoir sortir de cette tombe qui n'est pas la sienne ?

Il devient en effet urgent que Fosco se dégage de cet endroit où l'oxygène commence à manquer.

Il rassemble ses forces et s'arc-boute contre la paroi du tombeau. La dalle est lourde, mais il parvient à la soulever de quelques millimètres. Immédiatement, la cendre tiède s'infiltre dans le caveau. Fosco en a plein dans les cheveux et sur le visage, mais il n'y prête pas attention. Il doit continuer à lutter pour dégager le carreau de pierre.

Le garçon glisse ses mains, puis ses bras dans l'interstice. Il a maintenant la tête et les épaules hors de la tombe. Le dos, les jambes suivent péniblement. L'air libre, enfin ! Mais ce qu'il voit dehors l'atterre. Tout n'est que cendre grise. Où sont ses oliviers ? Où est sa maison ? Où sont ses frères et ses parents ?

16 décembre 1631, 19 heures

Fosco a retrouvé les siens, miraculeusement sauvés. L'un des frères de Fosco avait eu la bonne idée de faire descendre la famille dans la cave de la maison.

Les Perazzini ont eu plus de chance que les quatre mille personnes qui ont péri dans cette nouvelle éruption du Vésuve…

Septembre 1944

Angela et Leonardo Perazzini sont des survivants. Comme leur ancêtre Fosco, ils viennent d'échapper de justesse à la mort. Cette dernière éruption du Vésuve, personne ne l'avait prévue. Pas plus que celles de 1906, 1872, 1858 ou encore celle de 1794.

Depuis la terrible éruption qui a failli tué les Perazzini, Sofia, la fille d'Angela et de Leonardo, travaille d'arrache-pied à l'école. Elle a un grand projet : devenir vulcanologue et sonder ce volcan dans l'ombre duquel sa famille vit depuis des générations. Mais c'est un secret, ses parents et les enfants de son village la regarderaient avec des yeux ronds s'ils étaient au courant. Alors elle garde le silence, elle est comme le Vésuve, elle fait semblant de rien. Mais un jour, ils vont tous voir de quoi Sofia Perazzini est capable…

Les dessous du volcan

de Johan Heliot
illustré par Bruno Bazile

– Juste une petite signature, jeune homme… Voilà, parfait. Mes félicitations ! Bienvenue dans le monde merveilleux de Volcaland !

Je rendis son sourire et son stylo à mon interlocuteur. J'étais heureux, je venais de signer mon premier contrat d'embauche. Croyez-moi, à seize ans, c'est quelque chose qui compte ! Oh, il ne s'agissait pas encore d'un véritable travail, rien qu'un job d'été, mais j'étais tout de même fier de m'être débrouillé seul pour l'obtenir. Je calculais déjà le montant de ma future paye, et je rêvais aux folies que j'allais pouvoir me permettre…

– Bon, passons aux choses sérieuses ! Cet après-midi, vous allez suivre un de nos anciens, Jean-Michel. Il va vous mettre au parfum.

Le responsable de la DRH (Direction des Ressources Humaines, ils tiennent particulièrement aux majuscules) me repoussa gentiment dans l'antichambre de son bureau, où le fameux Jean-Michel devait venir prendre livraison de son stagiaire de l'après-midi : moi.

Pour tuer le temps, je parcourus du regard les affiches promotionnelles placardées sur les murs. Tout l'Univers Fantastique de Volcaland (je vous ai dit qu'ils tenaient vraiment aux majuscules ?) s'étalait devant mes yeux, avec ses Attractions Incroyables, ses Découvertes Fabuleuses et son lot de Connaissances du Monde Souterrain. Je dois reconnaître que les photos étaient plutôt spectaculaires, en tout cas pour un débutant dans mon genre qui n'avait rencontré de volcans qu'à la télévision, dans de vieux reportages signés Haroun Tazieff ou les infortunés époux Krafft, tragiquement disparus lors d'une éruption du mont Unzen, au Japon, en 1991. Ce que je voyais sur les affiches valait son pesant de cacahuètes : ce n'était que gerbes de magma incandescent, nuées[1] ardentes, torrents de laves fluides emportant tout sur leur passage, paysages apocalyp-

1. Mélanges brûlants de gaz, de cendres et de blocs de lave se déplaçant au ras du sol à très grande vitesse.

tiques postéruption, quand il ne reste plus qu'une couche de cendres froides et de rares troncs d'arbres calcinés et tordus à des dizaines de kilomètres à la ronde. Toutefois, les photos du parc d'attraction situé au cœur de Volcaland étaient plus gaies : montagnes russes (Les Plus Hautes d'Europe !), rivière sauvage (Les Rapides Les Plus Terrifiants !), circuit souterrain (Entrez Dans Le Secret Des Profondeurs !) et même un jardin zoologique, dont je ne devinais pas le rapport avec le thème du volcanisme ; mais enfin, qui étais-je pour juger, sinon un modeste et tout frais jeune employé ?

La porte qui faisait face à celle du bureau de la DRH, et par laquelle j'étais moi-même entré une heure plus tôt avant mon entretien, s'ouvrit à la volée, révélant un escogriffe[2] de près de deux mètres, maigre comme un clou et coiffé à la diable :

– Salut, tu dois être Antoine ? Je peux t'appeler Tony ? Moi, c'est Jihem, comme J et comme M, pour Jean-Michel, tu piges ? Bienvenue à Volcaland !

J'étais tombé sur un sacré numéro. Je me levai, tendis la main, et me fis furieusement secouer.

– Ici, tu vas voir, c'est une grande famille, m'assura Jihem. Tout le monde se connaît et se serre les coudes. On rigole bien aussi, mais le boulot passe avant tout, attention !

---

2. Homme de grande taille.

– Bien sûr. À ce propos, c'est quoi au juste, mon boulot ? J'avoue que je n'ai pas très bien compris quand le patron me l'a expliqué…

– … et tu n'as pas osé lui demander, ha, ha !

Jihem lâcha un rire qui tenait à la fois du gloussement de la dinde et de la quinte de toux.

– T'en fais pas, Tony. Je vais te mettre au courant, et dès demain, tu seras tip-top opérationnel ! OK ?

– Euh, ouais, OK !

Je reçus une claque entre les omoplates qui faillit m'expédier au milieu de la pièce au ras de la moquette. Mon mentor m'entraîna ensuite dans un dédale de couloirs et d'escaliers, jusqu'à ce qu'on débouche sur une salle commune remplie de casiers, où flottait une odeur de sueur rance et de déodorant bon marché.

– Comme tu peux le sentir, s'amusa Jihem, à Volcaland, on transpire plus souvent qu'à son tour. Le coup de chaud n'est jamais loin, mais c'est normal, pas vrai, hein ?

– Euh ?

– Dis donc, tu m'as l'air long à la détente, Tony ! Ben oui, avec tous ces volcans autour de nous, on risque le coup de chaud, quoi.

– Mais je croyais qu'ils étaient éteints depuis un bail, ces volcans-là.

– Bien sûr, benêt ! Je ne parle pas de ces vieilles montagnes arrondies et pelées de la chaîne des Puys… Celles-là sont endormies depuis tellement longtemps, sept mille ans pour les dernières éruptions, qu'elles ne vont pas te faire beaucoup suer.

Tout en parlant, Jihem s'était approché d'un grand casier, qu'il avait décadenassé à l'aide d'un passe pendu à sa ceinture.

– Moi, je te parle de ce genre de volcan, Tony. Tu peux me croire, ils sont du genre vachement actifs, comme tu auras l'occasion de t'en apercevoir !

Il s'écarta pour me laisser voir ce que contenait l'intérieur de l'armoire métallique. Je n'étais pas certain de ce que mes yeux voyaient, même si je pouvais difficilement me tromper. Ça ressemblait effectivement à ce qui décorait les murs de la salle d'attente de la DRH, sauf que ça tenait dans un volume réduit, guère plus vaste que le placard de ma chambre.

– Euh… fis-je, bêtement, c'est bien un volcan ?

– Et que veux-tu que ce soit, hé banane ! À partir d'aujourd'hui, c'est même ton propre volcan, veinard ! Alors, il faudra en prendre soin…

Jihem eut beau m'expliquer comment enfiler le costume, je m'y pris tellement mal que l'opération tourna à la séance de torture et se solda par une série de bleus et de contusions pour ma pomme. Le harnachement de la panoplie, constitué d'une multitude de sangles et de renforts métalliques, évoquait celui des robes à crinoline de l'ancien temps, autant que les armures des chevaliers du Moyen Âge. Lorsque, enfin, je me fus faufilé à l'intérieur de l'armature de cuir et de métal, Jihem m'aida à accrocher le costume de mousse reproduisant un volcan rouge en phase éruptive.

– Demain, il faudra te débrouiller seul, Tony. Tu vas y arriver ?

– Oui, t'en fais pas. Il faudra juste que je m'y prenne trois heures à l'avance… Tu crois qu'on me les paiera en heures sup' ?

Le regard de mon mentor m'indiqua qu'il valait mieux éviter ce genre de plaisanteries dans la grande famille de Volcaland. Je me tournai vers le miroir des vestiaires, pour avoir une idée de ce à quoi je pouvais ressembler. Je ne fus pas déçu.

Mon crâne émergeait du cratère en forme de cône qui m'arrivait au-dessus du nez, à hauteur d'yeux. Tout le reste de mon corps disparaissait sous l'improbable déguisement, dont la partie basse frottait le sol. J'observai les coulures de lave fluide et rouge, peintes avec un soin maniaque sur mes flancs, ainsi que le visage présent sur le costume : un large sourire à mi-pente, étalé sur toute une face et surmonté d'un regard de dessin animé (deux globes blancs avec un point noir en guise de pupille au milieu).

– Tu t'appelles Volco, me précisa Jihem. Tu es la mascotte officielle du parc. C'est un grand honneur, mon vieux !

– Je n'en doute pas un seul instant… Hé, qu'est-ce que c'est que ça ?

Jihem s'était glissé dans mon dos (je devrais dire dans ma pente dorsale) et venait de déposer quelque chose sur ma tête, qui me masqua toute vision pendant quelques secondes.

– Pas de panique. Juste le temps d'ajuster ce machin… Là, voilà, qu'est-ce que tu en dis ?

Je recouvrai la vue et le regrettai aussitôt. Jihem m'avait affublé du complément indispensable à ma tenue de Volco, à savoir un magnifique panache de fumée grise qui s'élevait tel un champignon un mètre au-dessus de mon crâne.

– Tes gaz éruptifs, m'informa mon guide.

Bien sûr, comment avais-je pu les oublier ? Je préférais ne pas répondre, ne serait-ce que pour économiser mes forces. La panoplie pesait de tout son poids sur mes maigres épaules. Je ne pouvais compter que sur mes biceps, tout aussi peu développés, pour la maintenir en équilibre quand un mouvement la faisait basculer. Surtout, je risquai d'être entraîné avec elle et de m'écrouler lamentablement !

– Tu vas t'y habituer, tu verras, dit Jihem. Au bout d'un moment, tu auras l'impression d'avoir toujours porté ça !

– Combien de temps as-tu joué les Volco, toi-même ? demandai-je.

– Oh, en fait, une seule journée. J'ai vite eu une promotion, tu sais.

– Je vois.

Je n'insistai pas. Je me sentais ridicule, humilié, même si, heureusement pour mon amour-propre, il était impossible de me reconnaître ainsi affublé ! Pourtant, le pire restait à venir…

– Qu'est-ce que je dois faire, maintenant ? Me balader dans le parc et me faire photographier avec les gamins en visite ?

– C'est une partie du boulot, oui, confirma Jihem. Mais il faut aussi assurer le spectacle, mon vieux !

Tout en parlant, Jihem avait plongé la main dans la partie inférieure du casier. Il en retira une poche plastique gonflée à craquer d'un liquide épais et rouge vif.

– Qu'est-ce que c'est ?

– Officiellement, précisa Jihem, une lave fluide. Officieusement, mais ça reste entre nous, c'est une recette spéciale du chef de la cantine, à base de ketchup ! souffla-t-il sur le ton de la confidence.

– Et qu'est-ce que je suis censé faire avec ça ?

– Volco doit entrer en éruption tous les quarts d'heure, devant le plus grand public possible. C'est écrit noir sur blanc dans ton contrat, article 12, alinéa 3. Si un surveillant du parc constate que tu as raté une éruption, on retiendra un cinquantième sur ta paye. Mais ne t'en fais pas pour cet après-midi, je vais te suivre partout et t'indiquer quand il faudra te manifester.

J'étais trop estomaqué pour répliquer. Je laissai Jihem installer la poche de ketchup dans la cavité prévue à cet effet, à l'arrière de mon costume. Il inséra ensuite dans cette surprenante chambre[3] magmatique un tuyau de plastique souple, dont l'embout parvenait au niveau de ma bouche, dissimulé dans les replis de mousse de la panoplie.

– Voilà. Quand tu souhaiteras entrer en éruption, tu n'auras qu'à souffler là-dedans. Il y a des trous aux endroits requis, pour que le liquide s'écoule sur tes flancs. Ah, n'oublie pas aussi d'imiter le bruit sourd d'un volcan qui s'éveille.

– C'est aussi dans le contrat ?

– Oui, alinéa 4 de l'article 12. Mais tu n'es pas obligé d'en faire trop, un simple raclement de gorge soutenu fera l'affaire. Débrouille-toi toutefois pour ne pas effrayer les gosses : Volco est leur ami.

Je me demandai quel genre de gamin pouvait être assez brindezingue pour rêver d'être le copain d'un volcan, mais je me tus. Après tout, des familles complètes venaient de tout le pays dépenser des fortunes pour passer une journée ou plusieurs à Volcaland ; il devait bien y avoir une raison suffisante pour motiver leurs efforts. Ces gens-là n'étaient tout de même pas masochistes, pas vrai ?

Nous nous mîmes donc en route, Jihem ouvrant la marche. J'avançais péniblement, dodelinant et tanguant, avec une pensée pour les lutteurs de sumo : je comprenais à présent quel effet cela faisait de transporter sur sa carcasse au bas mot trente kilos superflus… Jihem me tenait les portes

3. Réservoir de magma situé en profondeur sous certains volcans.

ouvertes afin que je m'y faufile. Enfin, après avoir traversé un dernier corridor sous les regards indifférents des autres employés (ils avaient l'habitude de voir évoluer Volco dans les parages), nous débouchâmes à l'air libre, sur la place centrale de Volcaville, la Capitale du Pays des Volcans (vous vous souvenez, les majuscules...).

En ce début d'après-midi, la foule des visiteurs n'atteignait pas encore la densité record des dernières heures du jour, mais j'évaluais tout de même à près de trois cents le nombre d'adultes et de bambins qui évoluaient d'une boutique à l'autre, sous les flonflons d'un air populaire craché par les haut-parleurs.

Je restai sur le pas de la porte, tétanisé. J'avais l'impression que, dès qu'ils m'apercevraient, tous allaient se moquer de moi, me montrer du doigt ou me jeter des pierres.

En un sens, j'aurais préféré.

– Allez, c'est parti ! m'encouragea Jihem, en m'assénant une claque dans la pente dorsale.

Surpris et déséquilibré par le choc, je manquai de basculer vers l'avant. Je résistai pour ne pas tomber et, ce faisant, je me trouvai entraîné par le poids de ma combinaison jusqu'au milieu d'un groupe scolaire, vingt pas plus loin. Je parvins à me stabiliser et à me redresser au milieu des mioches, hilares, qui commencèrent à brailler dès qu'ils reconnurent leur héros :

– Volco ! C'est Volco ! Vas-y, Volco, fais-nous l'éruption ! Vol-Co ! VOL-CO ! se mirent-ils à scander, en chœur, sous le regard attendri des mères de famille qui accompagnaient la classe.

Je me dévissai le cou pour jeter un coup d'œil derrière moi. Jihem se tenait devant le bâtiment que nous venions de quitter, dont la façade imitait celle d'une mairie de pacotille. Les bras croisés sur sa maigre poitrine, mon mentor observait ma réaction. Il ne fallait pas le décevoir.

Je pris une profonde inspiration, happai l'embout du tuyau entre mes lèvres, serrai et soufflai de toutes mes forces, expulsant l'air contenu dans mes poumons.

Un sifflement m'avertit que l'expulsion de la lave-ketchup était en cours. Encouragé par ce résultat positif, je me mis à grommeler, aussi fort que possible, les yeux fermés pour me concentrer sur des images extraites des documentaires d'Haroun Tazieff, visualisant le piton de la Fournaise en pleine action.

– *Brmmm Brrrrrmmm BRRR-BRRMMMM !*

Les cris d'excitation des gamins s'amplifièrent autour de moi. Je soufflai et grondai de plus belle, sautillant sur place pour signifier que le sol tremblait, complètement pris au jeu. Les hurlements poussés par les accompagnatrices du groupe scolaire couvrirent soudain ceux des bambins. Je compris alors que quelque chose ne tournait pas rond. Je voulus en avoir le cœur net. Je rouvris les yeux. Pour découvrir Jihem, qui s'arrachait les cheveux devant la mairie de Volcaville. Reportant mon attention sur les jeunes fans de Volco qui s'étaient

BARB

tus, je pris instantanément conscience de l'ampleur du désastre.

Le visage de chaque môme avait viré à l'écarlate, entièrement barbouillé de ketchup. Leurs vêtements ruisselaient également du « fluide magmatique » expulsé des entrailles de mon costume. Déjà, une fillette reniflait, tentant de retenir ses larmes. En vain. Lorsqu'elle craqua, ce fut le départ d'un concert de gémissements et de sanglots comme je n'en avais jamais entendu dans ma vie. L'un après l'autre, chaque élève se mit à chialer. Les accompagnatrices n'avaient pas assez de mains ni de mouchoirs pour éponger tant de pleurs et de morve coulant d'autant de nez maculés de sauce tomate sucrée.

Je considérai plus prudent d'opérer une retraite stratégique vers l'autre côté de la place, où un Jihem furibond me rejoignit.

– Tony, mais quelle mouche t'a piqué ! Pourquoi as-tu soufflé dans ton tuyau avec autant de hargne ? Un petit coup suffisait, ce machin-là est drôlement sensible, tu sais…

Je voulus lui faire remarquer qu'il ne m'avait pas prévenu, mais ce n'était pas la peine d'en rajouter. J'adoptai donc un profil bas.

– En plus, tu as dû épuiser ta réserve de ketchup ! Il va falloir que je la remplisse à nouveau… Bon, reste là, je vais régler le problème. Ne bouge pas. Fais-toi oublier quelques instants.

Jihem traversa la place en direction du groupe des éplorés. Je le vis parlementer avec les mères de famille, distribuer aux gamins des tickets colorés sortis de sa poche. Puis il vint me retrouver.

– Elles ont accepté de ne pas se plaindre à la direction, mais ça m'a coûté toutes mes entrées gratuites pour les attractions. Je vais être obligé de les retenir sur ton salaire, mon vieux Tony.

Comme je devais avoir une drôle de tête sous mon panache de fumée en mousse, Jihem ajouta aussitôt, avec un grand sourire :

– Je vais être sympa sur ce coup-là, je ne dirai rien au patron, OK ?

– Voui…

– Alors, qu'est-ce qu'on dit à son vieux copain Jihem, hein ?

Je retins *in extremis* l'insulte qui m'était venue à l'esprit et lâchai, piteux :

– Merci, vieux.

Je pensais ne pas pouvoir tomber plus bas.

J'avais évidemment tort.

Après la catastrophe de la distribution de ketchup, Jihem jugea plus prudent de laisser tomber l'aspect éruptif de Volco pour un moment.

– Tu dois être plus doué pour la figuration que pour jouer sur le devant de la scène, Tony.

Nous remontions la Rue Principale de Volcaville. Malgré mon champ de vision limité, je pouvais apercevoir le dos arrondi du premier volcan de la chaîne des Puys, qui dépassait par-dessus les toits pointus et colorés des petites maisons bordant l'avenue. Des boutiques occupaient le rez-de-chaussée de chaque bâtisse, leurs vitrines pleines de souvenirs *Made in China* vantant l'authenticité du patrimoine volcanique local : reproduction à toutes les échelles imaginables de Volco, tasses à café à l'effigie de la mascotte du parc, tee-shirts et caleçons estampillés Volco, CD des chansons du spectacle permanent joué au Grand Théâtre de Volcaville, etc.

– Nous y voilà, fit Jihem.

Il consulta sa montre et sourit.

– La prochaine représentation débute dans dix minutes. Parfait. C'est plus qu'il n'en faut pour faire connaissance avec ton nouveau partenaire.

Je me tordis le cou pour décrypter l'enseigne accrochée au fronton d'un vaste édifice monté sur une colonnade de stuc. « Le Grand Théâtre », lus-je, vaguement inquiet.

– Pourquoi m'as-tu amené ici, Jihem ?

– Parce qu'il faut bien que tu serves à quelque chose, mon vieux.

Que voulez-vous répondre à ça ? Je le suivis en silence dans le vestibule du Théâtre, où une file de visiteurs patientait devant l'unique guichet. Nous doublâmes tout le monde, et personne ne râla en reconnaissant Volco. Mieux, les gens avaient l'air ravi de côtoyer la mascotte du parc. Quelques flashes crépitèrent sur mon passage et Jihem eut le réflexe de m'immobiliser et de tourner ma face ornée du visage de Volco vers ses admirateurs. La séance photo terminée, nous entrâmes dans la salle de spectacle, plongée dans une semi-pénombre accentuée par l'éclat sombre du velours pourpre qui tapissait les murs. Jihem me guida dans l'allée centrale jusqu'à la scène, où je grimpai tant bien que mal, m'aidant d'un escabeau.

Un vieux type se tenait assis sur un tabouret, un accordéon posé sur ses chaussures, tel un animal de compagnie fidèlement assis aux pieds de son maître. La masse de cheveux frisés posée sur son crâne donnait l'impression que le musicien désirait battre le record du monde de la plus imposante moumoute. Il s'agissait forcément d'une perruque, car il était physiquement impossible d'avoir conservé autant de cheveux à cet âge-là !

Jihem expédia les présentations :

– Tony, Alphonse. Alphonse, Tony.

Je n'osai pas demander l'adresse de son coiffeur au vieil accordéoniste. Celui-ci ne prit même pas la peine de quitter son tabouret, ni de me tendre la main (j'aurais d'ailleurs été incapable de la lui serrer, puisque mes membres restaient prisonniers de ma combinaison). Il esquissa une drôle de moue du bout des lèvres, resserrées en cul-de-poule, et lâcha un :

– Bonchour...

– Comme tu l'entends, dit Jihem, Alphonse est un autochtone, un authentique Auvergnat. Il est le compositeur officiel et l'interprète de l'hymne du parc, ainsi que de la comédie musicale qui retrace l'histoire de la chaîne des Puys.

– La comédie musicale ?

J'hallucinais. Grave.

– Chavez-vous dancher ? me demanda l'Auvergnat. Ou tout du moins vous dandiner, d'un pied chur l'autre ? Comme chechi.

J'assistai alors à un numéro d'anthologie. Alphonse décolla de son tabouret, ébroua sa courte carcasse presque aussi large que haute, épousseta une saleté imaginaire des épaules de sa veste et, sérieux comme un pape, les bras au niveau du buste, il se mit à sautiller sur place, comme s'il sautait avec une corde invisible. Sa perruque tremblotait comme un bloc de gelée pendant un séisme.

– Che n'est pas compliqué, tout est dans le rythme. Ta, tata, tatata, ta, tata, tatata…

– Il a compris, l'interrompit Jihem en agitant une main et en consultant à nouveau sa montre. Bon, les enfants, ça va être à vous dans cinq minutes.

Mon guide s'éclipsa alors dans les coulisses. La rumeur de la foule m'avertit que les premiers spectateurs commençaient à envahir la salle. Alphonse rabattit le grand rideau de velours devant nous, nous isolant momentanément du public. Puis il regagna son tabouret et s'empara de son instrument, qu'il cala affectueusement sur ses genoux.

– Plachez-vous derrière moi, me souffla-t-il. Contentez-vous de bouger quand la musique démarre et de vous arrêter quand elle ch'arrête.

– Quelle charrette ?

Tétanisé par le trac, je ne comprenais plus rien à rien. Alphonse me foudroya du regard, avant de se tourner vers le rideau qui n'allait plus tarder à se lever. C'était la première fois que je me produisais en spectacle, devant autant de spectateurs qui avaient payé le prix fort pour être là ! Sous ma couche de mousse, je suais à grosses gouttes. Mes genoux s'entrechoquaient sous l'effet de la pétoche, et j'essayais de donner un semblant de cadence à cette percussion naturelle. Un assistant apporta un micro sur pied, qu'il installa devant Alphonse, imperturbable. Je blêmis sous mon panache quand le technicien revint avec un autre micro, qu'il plaça d'autorité sous mon nez.

– Il faut que je chante aussi ?

– T'inquiète pas, Toto, se marra l'assistant. De toute façon, le vieux est sourdingue. T'as qu'à reprendre les chœurs au bon moment, c'est tout. Personne n'écoute vraiment les paroles.

Sans autre précision, le technicien regagna sa console de mixage, située en bordure des coulisses. Jihem était là lui aussi et il ne perdait pas une miette du tableau. Je reportai mon attention sur la nuque frisottée d'Alphonse et je remarquai un détail qui m'avait échappé jusque-là : le fil d'un Sonotone, relié à un petit appareil d'amplification, glissé dans le creux de son oreille droite. Cela corroborait l'affirmation de l'assistant, au sujet de la surdité du musicien. Mais je n'eus pas l'occasion d'y songer davantage.

Soudain, le rideau bougea. Une salve d'applaudissements résonna dans la salle. Je me liquéfiais sur place, tandis que les premiers accords d'une valse musette s'échappaient de l'accordéon. Une violente lumière jaillit du plafond et inonda la scène. Complètement aveuglé, je ne devais plus me fier qu'à mon ouïe pour suivre les événements. Je me concentrai sur le rythme des notes jouées par mon partenaire et, dès que j'eus l'impression d'avoir pigé le truc, je me mis à me balancer à la manière d'un culbuto géant, priant pour que personne ne filme la scène – je n'avais absolument aucune envie de voir à quoi je pouvais ressembler en pareille circonstance !

Alphonse entama son chant, d'une voix lugubre à souhait, à peine relevée par les haut-parleurs :

Il y a vingt-chinq millions d'années
Que des volcans che chont formés
Dans la belle réchion d'Auvergne.
Et juste avant que ne ch'éteigne
Chette terrifiante activité
La Chaîn' des Puys était née.

Suivit un court solo d'accordéon. Je compris que le premier couplet était terminé, qu'on allait attaquer le refrain. Je me tins prêt à entonner les chœurs, comme convenu, à l'écoute attentive des paroles marmonnées par Alphonse :

Chent chinquante mille ans ont passé
Et Volcaland est arrivé, hé, hé, hé...

Au moins, me rassurais-je, la complexité des paroles n'était pas un problème ! Même si je chantais plus faux qu'un régiment de casseroles, je pouvais faire illusion en braillant des « hé, hé, hé ». Je pris ma respiration, déterminé à donner le meilleur de moi-même pour rattraper ma bévue avec le groupe scolaire.

Alphonse répéta le dernier vers de son chef-d'œuvre :

Et Volcaland est arrivé...

Je me lançai d'un coup. M'approchant aussi près du micro que ma tenue encombrante le permettait, je vociférai un magnifique « hé, hé, hé » tout en continuant de marquer le rythme, dansant d'un pied sur l'autre.

L'effet fut immédiat et sans appel.

J'avais largement sous-estimé la puissance de l'amplification. Un larsen abominable déchira les haut-parleurs, tel le sifflement de dix mille locomotives résonnant en même temps. Je discernai dans la salle les spectateurs des premiers rangs, qui grimaçaient de douleur en portant leurs mains aux oreilles. Surtout, mon regard horrifié s'arrêta sur le pauvre Alphonse, qui avait bondi de son tabouret comme sous l'effet d'une décharge électrique. Le vieil accordéoniste avait entamé une véritable danse de Saint-Guy sur le devant de la scène. Il tournait autour de son instrument, tombé par terre, comme un Indien sur le sentier de la guerre autour

d'un totem, et poussait d'aussi effroyables imprécations. Un filet de fumée s'échappait de la poche de sa veste, là où était relié le fil de son Sonotone. Je réalisai que l'appareil n'avait pas tenu le choc quand j'avais hurlé les chœurs, de toute la force de mes poumons. Pire que tout, une flamme commençait à dévorer la moumoute du musicien !

Une main s'abattit sur le rebord de mon cratère et je fus promptement traîné jusqu'en coulisses, tandis que le rideau de velours se refermait à la hâte. Un assistant, muni d'un extincteur, se précipita sur Alphonse et l'arrosa copieusement d'une mousse blanchâtre et écumante, pour éviter qu'il ne s'embrase tout entier. Mais le mal était fait : la perruque avait brûlé presque entièrement. Une couche de cheveux postiches calcinés recouvrait à présent le crâne d'Alphonse.

– Espèce de catastrophe ambulante ! s'emporta Jihem, sans cesser de me secouer. Non mais, tu te rends compte de ce que tu as fait ?

L'assistant avait vidé l'extincteur. Il aidait à présent Alphonse à regagner les coulisses. On aurait dit que l'accordéoniste venait de subir le supplice du goudron et des plumes[4]. En passant à ma hauteur, je l'entendis marmonner quelque chose comme :

– Éloignez chet individu de ma vue ! Qu'il dichparaiche !

Jihem me confondit encore quelques instants avec un prunier, puis, quand il en eut assez de me malmener, il se mit à gémir :

– Maintenant, il va falloir rembourser les spectateurs !

Ainsi donc, voilà ce qui le gênait dans cette histoire, plus que l'infortune du musicien…

– Inutile de te préciser que tout sera intégralement retenu sur ta paye.

Inutile, en effet, je l'avais déjà deviné. Je me demandais même si je ne devais pas désormais de l'argent à mon employeur !

4. Dans l'Ouest américain, au temps des cow-boys, les joueurs de cartes qui trichaient et certains voleurs étaient enduits de goudron puis recouverts de plumes, avant d'être expulsés de la ville.

– Tu dois quand même être bon à quelque chose, non ?

Je haussai les épaules sous ma combinaison. Jihem se creusait la tête depuis un moment pour trouver un poste où le nouveau Volco du parc ne déclencherait aucun cataclysme. Je lui étais reconnaissant de ses efforts, mais j'avais du mal à suivre son raisonnement. Puisque mes tentatives de bien faire se soldaient par des échecs cuisants pour le public ou les autres employés (le pauvre Alphonse avait été évacué à l'infirmerie de Volcaville, d'où il refusait de sortir tant que je traînerais dans les parages), pourquoi Jihem s'acharnait-il de la sorte ?

Je lui en fis la remarque. Sa réponse me sidéra :

– Je t'aime bien, mon vieux Tony… Et moi aussi j'ai été jeune. Je sais combien un premier boulot peut être important. Je m'en voudrais de ne pas t'offrir une dernière chance.

Je le remerciai, sincèrement ému. Puis j'ajoutai :

– Mais je ne vois pas à quoi je peux être utile à Volcaland ! J'effraie les gosses, je martyrise les spectateurs du Théâtre…

Aux dernières nouvelles, en effet, plusieurs personnes assises dans les premiers rangs souffraient qui de bourdonnements, qui de surdité partielle.

– Chaque fois que j'apparais, la situation vire au cauchemar pour les visiteurs, me lamentai-je encore.

Jihem cessa de tourner en rond et s'immobilisa en face de moi. Son regard remonta les flancs de mon costume, s'arrêtant à hauteur de cratère, là où émergeait une partie de mon visage.

– Évidemment, réfléchit-il tout haut, il faudrait quelques retouches… Mais ce n'est pas une mauvaise idée.

– Quoi ? Quelle idée ?

– Écoute, Tony, je crois que je viens de trouver à quoi tu peux servir ! Vite, suis-moi, il faut que j'en parle à la DRH !

J'étais trop éberlué pour la ramener. Je partis au trot derrière la grande silhouette de mon guide, direction la mairie de Volcaville. J'arrivai complètement essoufflé dans l'antichambre du bureau du directeur des ressources humaines, là où quelques heures plus tôt j'avais signé mon contrat.

– Vas-tu enfin me dire à quoi tu penses ? parvins-je à demander, entre deux halètements.

– C'est une surprise. Attends-moi là et ne provoque aucun drame, je t'en supplie !

Jihem entra alors dans le bureau, sans frapper, comme en terrain conquis. Je m'attendis à le voir expulser *manu militari*[5] par le directeur, mais rien de tel ne se produisit. Au contraire, et à mon plus grand étonnement, la porte se rouvrit dix minutes plus tard sur un directeur jovial, qui donnait une amicale claque dans le dos d'un Jihem lui aussi ravi à en juger par son sourire.

---

5. Par la force.

– Notre jeune ami sera parfait dans le rôle, affirma Jihem.

– Si ce que tu m'en as dit est seulement à moitié vrai, je le crois aussi, fiston !

– Ne t'en fais pas, tout se passera cette fois comme sur des roulettes, papa ! Les visiteurs vont adorer ça !

Fiston ? Papa ? Qu'est-ce que tout ça signifiait ?

Je n'en sus pas davantage sur le moment. Le directeur regagna son bureau en riant et Jihem me fit signe de le suivre. Nous nous retrouvâmes bientôt dans les vestiaires du rez-de-chaussée, là où j'avais découvert l'accoutrement de Volco.

– Alors comme ça, fis-je, sarcastique, tu es le fils du patron, rien de moins !

– Ne t'excite pas, mon vieux, tempéra Jihem. Mon père dirige les Ressources Humaines du parc, oui, et alors ?

– Alors, je commence à piger pas mal de choses… Tu m'as dit tout à l'heure que tu avais toi aussi endossé le costume de Volco, une seule journée. Tu n'as pas dû avoir beaucoup de mal à obtenir ta promotion.

– Ne le prends pas mal, Tony. J'en ai eu vite marre de jouer les guignols, c'est vrai. Alors mon père m'a proposé un marché : s'il trouvait quelqu'un pour me remplacer, et que j'acceptais de le former, alors je pourrais changer de poste.

– C'est pour ça que malgré mon incompétence à amuser la galerie, tu fais tout pour me trouver une place. Tu n'as pas envie de redevenir Volco.

Jihem acquiesça. Je ne savais pas si j'étais le plus en colère contre lui ou contre moi.

– Je vais te dire une bonne chose, Tony, et je suis sincère : tu possèdes un véritable don, et tu vas pouvoir apporter beaucoup à Volcaland.

– Ne te fous pas de moi, en plus !

– Absolument pas. Je suis très sérieux. Mon père l'a bien compris, lui aussi. Il est même prêt à effacer tes petites dettes envers le parc, à la condition que tu acceptes notre nouvelle proposition ; il y a bien une place pour toi à Volcaland...

Qu'auriez-vous fait à ma place ? J'ai évidemment écouté Jihem m'expliquer son idée, et j'ai évidemment accepté son offre.

Le problème avec les volcans éteints depuis des milliers d'années, comme ceux de la chaîne des Puys, c'est qu'ils ne sont guère impressionnants. Pas la moindre émission de fumerolles, pas le plus petit jet de cendre, la plus dérisoire coulée de lave à offrir au spectateur. C'est pourquoi la direction de Volcaland avait multiplié les attractions les plus hétéroclites, sans aucun rapport avec le thème du parc. Mais le public commençait à se lasser ; il venait se frotter au monde des volcans non pas pour se distraire, mais pour le frisson...

Je comprenais ça. Moi-même, j'avais été déçu en découvrant la réalité de Volcaland, si différente de ce que j'avais vu à la télévision dans les reportages des Krafft ou de Tazieff. Côtoyer un volcan doit provoquer un minimum de sensations fortes, sinon autant rester à la maison devant un film d'action !

Or il se trouvait que je possédais une compétence particulière en la matière, comme l'avaient démontré les mésaventures survenues aux gamins « enketchupés » et aux auditeurs d'Alphonse, ainsi qu'au vieil accordéoniste lui-même…

Ah, ça va bientôt être à moi, il va falloir que je vous laisse. J'ai juste le temps d'enfiler le masque de mon nouveau costume, conçu sur le modèle de celui de Volco, mais avec quelques modifications. Par exemple, le sourire de la mascotte s'orne à présent d'une rangée de canines carnassières, et une paire de sourcils broussailleux surplombe le regard envenimé du personnage…

J'entends le grondement métallique du wagonnet qui arrive, chargé de visiteurs inconscients de ce qui les attend. Ils ont payé pour une visite du Monde Souterrain (Entrez Dans le Secret des Profondeurs – rien n'a changé au sujet des majuscules !), vaguement ennuyés par avance à la perspective d'une balade documentaire mettant en scène le mécanisme de tectonique des plaques, de glissements de terrain et autres cassures géologiques.

Vêtus de leur cape en plastique fournie à l'entrée, ils ignorent qu'ils vont faire une rencontre effrayante, inoubliable, dans les dessous de ces vieux volcans endormis… Volcanos (c'est moi qui ai trouvé le nom), le double maléfique du gentil Volco, s'apprête à les secouer !

Je vérifie mes stocks de ketchup, le branchement de mon micro-cravate. Je m'échauffe la voix.

Je suis fin prêt à leur donner une émotion que plus aucun volcan d'Auvergne n'est capable de leur procurer !

L'assassin de Saint-Pierre

de Xavier Mauméjean
illustré par Jean Trolley

Saint-Pierre, le 15 avril 1902

Ma chère maman,

Me voici donc arrivé à la Martinique, après un long voyage en mer. Je sais que tu as conservé tous mes livres, après mon départ. Aussi, regarde dans le manuel de géographie. Cette île se situe au large de l'Amérique du Sud. Prends une loupe, car elle est toute petite : soixante-quinze kilomètres de long sur trente-cinq de large, elle pourrait rentrer tout entière dans notre département du Nord ! Ce qui ne l'empêche pas d'avoir une certaine grandeur, car la Martinique est la patrie de Joséphine, première épouse de Napoléon.

Pour mon premier poste, la gendarmerie m'a affecté à Saint-Pierre, une ville bâtie au pied de la montagne Pelée. C'est un volcan éteint, et donc je ne crains rien, bien moins en tout cas que mes frères qui travaillent dans la mine. Rassure-toi, maman, l'ombre du volcan vaut mieux que celle du terril[1] *qui recouvre notre maison. Ici, les gens sont heureux et ont les poumons emplis de bon air.*

Tu trouveras avec cette lettre un mandat, quelques sous de ma première paye qui auront à tes yeux moins de valeur que ces mots. Ils te disent simplement que, dans l'éloignement, je reste près de toi.

Ton fils qui t'aime,
Lucien

Le gendarme de première classe Lucien Vabre finissait de rédiger sa lettre, quand un homme se présenta au poste. Grand, maigre, les traits secs, il était vêtu avec soin, portant redingote et gilet en dépit de la chaleur.

– Bonjour monsieur, que voulez-vous ? fit Lucien qui assurait la permanence de l'accueil.

– Je souhaiterais témoigner de faits curieux.

1. Haut monticule formé des déchets extraits de la mine.

Suivant la procédure, Lucien lui présenta le registre destiné à recevoir les plaintes. L'inconnu repoussa le cahier et jeta un bref regard alentour, comme s'il redoutait d'être entendu.

– Non, non, on ne peut rien consigner par écrit. Voyez-vous, je travaille pour un homme influent, le juge Multon.

Toute la population de l'île connaissait Pierre Multon. Il avait la réputation d'être un magistrat sévère, mais juste. Le juge pouvait s'enorgueillir d'une carrière exempte de scandale. Rien d'étonnant dès lors que son employé souhaitât demeurer discret. Cependant, le jeune gendarme devait en savoir plus :

– Pouvez-vous décliner vos nom et fonction ?

– Je m'appelle Martin Bret et suis le majordome de M. Multon.

– Et que puis-je faire pour vous ?

Le domestique hésita, mais finit par répondre :

– Mon maître est inquiet ces temps-ci.

– C'est bien normal. Les juges traitent des affaires délicates, ils ont de lourdes responsabilités.

– Je ne parle pas de contrariétés passagères mais d'une véritable angoisse, qui l'a pris soudain.

Lucien se pencha au-dessus du comptoir, l'air intéressé, comme à chaque fois qu'il suspectait un mystère. Son imaginaire était nourri des feuilletons policiers qu'il dévorait depuis l'enfance et qui étaient probablement à l'origine de sa vocation.

– Depuis quand a-t-il peur ?

– Quelques jours à peine, précisément depuis son retour. Mon maître avait quitté l'île, me confiant la garde de ses biens. Il est revenu sur le *Roddam*.

Ce bateau avait accosté l'île deux semaines plus tôt. Lucien le savait, pour avoir effectué la traversée à son bord.

– Comment se traduit cette inquiétude ?

– Le juge Multon ne parvient plus à dormir. Souvent, je l'entends parler seul, répétant sans cesse les mêmes mots : « Toutes ces années, il est resté inactif. Maintenant, il va exploser. »

À l'évidence, l'employé semblait réellement soucieux. Hélas, Lucien ne pouvait rien faire :

– Votre récit manque d'éléments concrets.

– Alors vous ne pouvez pas m'aider ?

Le gendarme s'efforça de sourire :

– Je suis désolé, croyez-le bien. Mais les forces de l'ordre restent à votre disposition.

Guère rassuré, le majordome murmura un merci, prit son chapeau et gagna la sortie.

À l'heure de sa pause, Lucien Vabre quitta le poste et emprunta l'avenue conduisant au marché. Le jeune homme s'immergea dans la foule, ne craignant pas d'être bousculé. Il aimait toute cette agitation, le boniment des maraîchers et la joie des enfants qui couraient entre les tréteaux. La vue des fruits, des sacs de lentilles empilés ou des pièces de viande exposées sur les étals lui rappelait d'autres lieux moins gais : les corons[2] de son village aux rues couvertes de suie, et la boutique des mines où les familles s'approvisionnaient. Heureusement, Lucien se souvenait aussi des moments simples de l'enfance, quand son père l'emmenait à la ducasse[3] ou lui offrait une tarte au sucre à deux sous. Le jeune gendarme se rendit compte que son estomac grognait. Enivré par les odeurs d'épices et d'oignons frits, il fit halte pour déjeuner. Une vendeuse itinérante lui servit du poulet au paprika dans une palme, et Lucien mangea avec ses doigts la nourriture épicée.

Il s'apprêtait à enfourner la dernière bouchée quand la terre trembla.

Une légère secousse, mais qui n'échappa à personne. Notamment aux bêtes, ânes de colporteurs ou petits singes perchés sur les épaules que l'on ne parvenait pas à calmer. Sans réfléchir, Lucien Vabre releva la tête, fixant le sommet du volcan.

– Ne vous inquiétez pas, fit la marchande. Le cœur de la montagne Pelée ne bat plus.

– Comment peut-on en être sûr ?

La vendeuse partit d'un rire tonitruant :

– On voit bien que vous êtes à Saint-Pierre

2. Ensemble de petites maisons ouvrières.
3. Fête du nord de la France, célèbre pour ses manèges et ses attractions foraines.

depuis peu ! Le foyer central du volcan est éteint, et son cratère est noyé par un lac.

– Il n'y a donc aucun risque ?

– Seulement si vous ne savez pas nager ! Vous devriez faire l'excursion, les gens d'ici aiment pique-niquer au sommet.

Rassuré, Lucien régla son repas et prit la direction de la gendarmerie. Son supérieur l'attendait. Cheveux plaqués en arrière, le visage barré par de grosses moustaches, il en imposait dans son uniforme couleur sable.

– Chef, avez-vous senti la secousse ? demanda Lucien.

L'officier afficha un air préoccupé :

– Mon garçon, quelque chose de plus grave va faire trembler la Martinique. On a retrouvé le juge Multon. Assassiné.

À l'exception de l'agent en faction, tous les gendarmes se rendirent sur les lieux du crime. Pierre Multon habitait une demeure blanche de style colonial. Le majordome les attendait sur le seuil.

– Veuillez me suivre, fit Martin Bret d'une voix atone.

Le domestique les conduisit jusqu'à la bibliothèque aux murs tapissés de livres et de dossiers. La victime gisait sur le tapis.

– Écartez-vous ! ordonna le commandant des gendarmes en se penchant sur le cadavre.

Il procéda à un examen sommaire et conclut au

décès par asphyxie. Lucien nota l'air terrifié, imprimé sur les traits de Multon. Le magistrat avait vu la mort en face.

Soudain, Martin Bret éclata en sanglots :

– Ce matin, j'ai averti vos services de la menace. Le tueur a profité de mon absence pour frapper !

– On va recueillir votre déposition, répondit le commandant. Mes hommes s'en chargeront, car je dois me rendre au bureau du télégraphe, afin d'avertir la métropole.

– Je vous raccompagne, hoqueta le domestique qui tentait de surmonter son émotion.

Une fois seuls, les agents patientèrent, attendant l'arrivée du légiste. Mais c'est une jeune femme qui les rejoignit, un appareil photographique suspendu à son cou. Lucien Vabre s'interposa :

– Vous ne pouvez pénétrer sur le lieu du crime !

– Le majordome m'a autorisé l'entrée, et puis on ne s'oppose pas à la presse ! fit-elle en brandissant sa carte.

Soufflé par l'aplomb de l'intruse, Lucien saisit le carton. On y lisait : *Françoise Duarte, journaliste à l'Écho de Saint-Pierre.* Déjà, elle préparait ses plaques au magnésium. Finalement, c'était peut-être une bonne chose. Ainsi, les forces de l'ordre disposeraient-elles de clichés pour mener l'enquête. Lucien Vabre l'observa à la dérobée, détaillant sa masse de cheveux noirs relevés en chignon et ses traits couleur café. Elle était jolie, et probablement native de Saint-Pierre.

Une intuition s'imposa soudain au gendarme :

– Mademoiselle, possédez-vous un poudrier ?

– Bien sûr, mais que…

– Passez-le-moi, disons que c'est un échange de services.

La journaliste obtempéra. Avec d'infinies précautions, s'aidant du minuscule pinceau, Lucien répartit la poudre de riz sur les meubles et objets. Ses collègues s'esclaffèrent :

– Ben voilà notre Sherlock Holmes qui se met à l'ouvrage !

Tous l'avaient vu lire jusque tard dans la nuit, à la lumière d'un quinquet[4], quand il était de perma-

4. Ancienne lampe à huile.

nence. Ignorant la moquerie, Lucien souffla sur la fine couche rose, afin d'éliminer l'excès. Des empreintes digitales apparurent.

– Pourriez-vous les photographier ?

Prise au jeu, Françoise Duarte imprima plusieurs plaques.

– Je vous les donnerai si vous acceptez mon invitation.

– Co... comment cela ? balbutia Lucien.

– Une excursion sur la montagne Pelée. Afin que vous découvriez mon île, fit-elle en lui adressant un sourire.

Le jeune gendarme rougit jusqu'aux oreilles. Probablement était-ce l'effet de la chaleur à cet instant de la journée...

– Mon garçon, vous déraisonnez !

Lucien Vabre se tenait au garde-à-vous dans le bureau du commandant. Celui-ci ne décolérait pas. L'initiative de son subordonné l'avait mis complètement hors de lui.

– Mais, chef, la police scientifique encourage ces relevés. Alphonse Bertillon, qui a dirigé le service d'identité judiciaire à Paris, affirme que jamais deux hommes n'auront les mêmes empreintes digitales.

– Pour l'instant, vous êtes un gendarme de rang. Vous souhaitez vous élever dans la hiérarchie ? C'est bien. Sachez toutefois qu'on attrape peut-être des hirondelles par la queue, mais certainement pas des malfaiteurs par le bout des doigts !

Fiez-vous à mon expérience. Et puis j'ai ma petite idée…

L'officier se dirigea vers un classeur métallique et en extirpa un dossier.

– Votre Martin Bret, le majordome, figurez-vous qu'il est connu de nos services. Un ancien forçat, condamné par Multon. Au terme de sa peine, le juge l'a engagé. Le vieux magistrat était une sorte d'idéaliste, qui croyait en la rédemption. Quelque chose comme le rachat des conduites, alors que tout le monde sait qu'un criminel ne peut changer, parce qu'il fait le mal par nature.

Lucien risqua une objection :

– Mais il servait son maître depuis quinze ans !

Le commandant brandit un acte notarié :

– Et alors ? Voici les dispositions testamentaires de Pierre Multon. N'ayant pas d'héritier, il lègue une forte somme à chacun de ses domestiques. Si nous le savons, Martin Bret en avait certainement lui aussi connaissance. Il dispose donc du mobile et de l'occasion.

– C'est pourtant lui qui nous a prévenus.

– Ne soyez pas si naïf, c'est précisément le meilleur moyen de détourner l'attention.

– Vous allez l'arrêter ?

– Évidemment ! Pour l'heure, il est assigné à résidence, en attendant l'arrivée du nouveau juge.

Puis l'officier se radoucit :

– Vos collègues m'ont dit que vous projetiez de partir en excursion ? Sur la montagne Pelée ?

– Uniquement durant mon jour de congé, crut bon de préciser Lucien.

– Excellente chose, ça vous ôtera de l'esprit vos drôles d'idées. Vous pourrez aussi constater par vous-même que le volcan est inoffensif.

Françoise Duarte et Lucien progressaient depuis des heures dans la forêt, accompagnés par les caquètements goguenards d'oiseaux paradisiaques. Les frondaisons des arbres se rejoignaient en hauteur jusqu'à leur soustraire le ciel. Ils se trouvaient dans une véritable cathédrale végétale dont les lianes et les palmes royales formaient le transept. À mesure que les jeunes gens avançaient, le rideau de végétation devenait plus dense. Pourtant, Françoise marchait d'un pas assuré. Ils finirent par déboucher sur une percée, au pied du volcan.

– Halte, commanda la journaliste.

Lucien accueillit la pause avec soulagement.

– Vous croyez que c'est prudent ? Je veux dire, d'entreprendre l'escalade ? Il y a eu plusieurs secousses.

La jolie métisse haussa les épaules :

– Notre montagne est comme ces vieux chiens qui grondent mais ne mordent pas. Elle est bénéfique, au même titre que les fruits ou les fleurs.

Lucien se laissa enivrer par les senteurs. Les milliers d'arômes, pour la plupart inconnus, aiguisaient son odorat.

– N'avez-vous jamais songé à partir ?

Françoise lui lança un regard étonné :

– Quitter mon île ? Jamais ! Loin des préjugés de la métropole, une jeune femme peut avoir un vrai métier en Martinique. Voyez, je suis journaliste. Et puis mes racines sont ici.

Celles de Lucien étaient enfoncées dans le charbon, et l'on ne pouvait les dégager qu'à la pioche.

– Moi, j'ai préféré échanger la suie contre la cendre. Oh ! Regardez !

Un couple de randonneurs finissait de descendre. Ils étaient couverts d'une couche grise et épaisse.

– Profitez de la promenade, il neige en Martinique ! firent-ils en riant aux éclats.

Françoise Duarte afficha brusquement un air grave.

– Quelque chose vous préoccupe ? fit le jeune homme.

– La montagne Pelée tremble parfois, mais elle ne rejette rien. Il faudrait peut-être contacter l'observatoire. Dommage que je n'aie pas mon appareil.

– À ce propos, avez-vous mes clichés ?

La journaliste tira de sa besace une enveloppe épaisse. Elle contenait les tirages où figuraient plusieurs jeux d'empreintes.

– Que comptez-vous en faire ?

– Identifier le coupable.

– N'est-ce pas Martin Bret, le majordome ? C'est ce qu'a affirmé votre supérieur au journal.

– Nous le saurons, avec ceci.

– Comment ? Puisque le domestique vit sur

place, vous trouverez certainement ses empreintes. Il a probablement laissé des traces de doigts partout !

– Précisément. S'il y en a d'autres, Martin Bret est innocent.

Un grondement sourd provint alors du volcan, comme pour réagir aux paroles de Lucien.

> *AUJOURD'HUI 23 AVRIL 1902. STOP. LÉGÈRES VAPEURS SULFUREUSES AU SOMMET. STOP. PLUIE DE CENDRES SUR LES PENTES OUEST ET SUD DE LA MONTAGNE. STOP. MANIFESTATIONS BÉNIGNES. STOP. INUTILE D'ALARMER LA POPULATION. STOP. FIN DE TRANSMISSION.*
> Télégramme de l'observatoire de Saint-Pierre au gouverneur de Fort-de-France.

– Trois types différents d'empreintes apparaissent sur les photographies. Je souhaiterais prendre les vôtres, afin de comparer, expliqua Lucien.

En début de soirée, Lucien et Françoise s'étaient présentés au domicile du juge. Le gendarme n'avait pas tardé à convaincre Martin Bret de les recevoir. L'ancien forçat, menacé d'une inculpation pour homicide, parut reprendre espoir. Après avoir trempé le bout des doigts dans l'encre, il les appliqua sur une feuille de papier.

– Elles correspondent à cette série, fit le gendarme en désignant les clichés.

– Restent deux jeux d'empreintes, dont celles du juge. Comment allez-vous les distinguer ?

Lucien Vabre tira un petit carton et le présenta à Françoise. Il était marqué sur les deux faces.

– Pierre Multon. J'ai pris soin de les relever le jour du crime.

– Mais c'est ma carte professionnelle ! s'exclama la jeune femme.

– Désolé, je n'avais que ça sous la main.

– Peu importe. Avec votre méthode, nous pouvons écarter les empreintes de Martin et celles du juge. Il ne reste que ces marques inconnues.

– Celles de l'assassin, quoi qu'en dise mon chef. Il a vraiment tort de mépriser les techniques modernes.

La journaliste fit alors une objection, réduisant à néant les espoirs de Lucien :

– Justement, votre supérieur n'acceptera jamais que toute la Martinique vienne au poste pour s'encrer les doigts.

Terrassé par l'évidence, le jeune gendarme s'effondra sur un siège. Effectivement, c'était une chose impossible. Quand bien même le commandant eût donné son accord, trop de gens vivaient au-dehors de la ville, reclus dans la forêt. Sans parler des marins qui faisaient escale pour repartir aussitôt. Lucien Vabre avait fait fausse route, depuis le début.

Le majordome finit par rompre le silence :

– Il y a peut-être une solution. Les affaires classées.

Lucien releva la tête :

– Quelles affaires ?

– Celles du juge Multon. Je sais, pour l'avoir servi durant des années, qu'il gardait chaque dossier. Tous sont soigneusement rangés dans la bibliothèque.

Lucien se remémora les paroles du majordome qui avait entendu son maître répéter : « Toutes ces années, il est resté inactif. Maintenant, il va exploser. »

Peut-être s'agissait-il d'une vengeance, surgissant du passé.

Le jour s'est levé sur un désolant spectacle. Les plages de l'île sont jonchées de poissons morts, et le volcan déverse un torrent d'eau noire dans la mer des Antilles. Pourtant, la population ne paraît pas s'en préoccuper, comme elle ignore les grondements de la montagne Pelée. Certains s'émerveillent même des éclairs aveuglants qui se multiplient au sommet. Deux cratères sont maintenant visibles. Un de mes amis, nouveau venu à Saint-Pierre, compare leur rougeoiement à celui des hauts fourneaux, comme il s'en trouve dans sa région du Nord, en métropole. Et nous, devrons-nous fuir notre île ? « C'est inconcevable ! » affirme la majorité. À cette question, il faudra cependant répondre, peut-être dans les prochains jours…

Françoise Duarte

L'Écho de Saint-Pierre, 7 mai 1902.

– Je peux payer ! Je peux payer !

L'homme plaqua une liasse de billets sur le comptoir. Lucien repoussa l'argent. Depuis ce matin, il assurait la permanence au poste, et repoussait les assauts de citoyens terrifiés. Jouant des coudes, une femme échevelée se fraya un passage jusqu'au premier rang :

– Quels navires sont en mesure de prendre le large ? Je ne parle pas d'embarcations de pêche, mais de vrais bateaux !

Lucien Vabre consulta le registre portuaire :

– Uniquement le *Roddam*. Mais Fort-de-France nous annonce l'arrivée du croiseur *Suchet*, affrété par le gouverneur.

– Réservez-moi une place !

Un homme, dont les nombreux enfants étaient agrippés à ses jambes, s'interposa :

– Hé, la p'tite dame, on était là avant vous !

– Oui, mais je suis une notable !

La situation commençait à dégénérer ; l'officier supérieur imposa le calme :

– Les experts dépêchés sur place affirment qu'il n'y a pas lieu de s'affoler. Nous assistons aux derniers soubresauts du volcan. La montagne Pelée est en train d'agoniser.

– Quels experts ?

– Ceux de l'observatoire. Ils demeurent sur l'île, on peut leur faire confiance.

Un vieillard lâcha d'une voix triste :

– Moi, je crois que ce que je vois. Et j'ai jamais rien vu de pareil.

Le commandant des gendarmes lui pressa doucement l'épaule.

– Rentrez donc chez vous, l'ancien, et faites confiance aux autorités.

Suivant l'exemple du vieil homme, la foule regagna la rue. Le commandant s'adressa alors à Lucien :

– Allez faire un tour en ville, et rapportez-moi ce que disent les commerçants. Eux, plus que tous les habitants de cette île, sauront quoi faire. C'est leur boutique qui est en jeu.

Le jeune gendarme s'apprêtait à sortir quand son supérieur le retint :

– Il paraît que tu es allé plusieurs fois au domicile de Pierre Multon ?

Lucien fut surpris par le tutoiement. Un comportement inhabituel, de la part du commandant.

– Oui, pour compulser les dossiers.

– Comment cela ?

– Le juge conservait les comptes rendus de ses affaires.

L'officier haussa un sourcil.

– Je l'ignorais.

Lucien s'acquitta de sa mission. Durant trois heures, il parcourut les rues de Saint-Pierre, interrogeant modiste, boulanger ou coiffeur. Tous s'accordaient à relativiser la menace. « Ce n'est qu'une question d'heures, la montagne finira par se calmer », assura le savetier qui ferrait un talon. D'autres redoutaient un plus grand péril : « Si on abandonne le magasin, les pillards s'en donneront à cœur joie. Je n'ai pas travaillé toute ma vie pour finir dans la misère. » Lorsqu'il eut collecté plusieurs avis, le gendarme se dirigea vers la demeure de Multon. Personne ne lui avait indiqué d'heure pour regagner le poste, et il n'était pas de service l'après-midi.

Martin Bret le conduisit à la bibliothèque. Conscient de l'enjeu, l'ancien forçat aidait Lucien dans ses recherches. Pourtant, les deux hommes ne trouvaient rien. Dans les centaines de dossiers amassés par le juge, la plupart ne présentaient aucun intérêt. Simplement parce qu'ils étaient anciens et ne contenaient aucune empreinte digitale. Gendarme et majordome y jetaient un rapide coup d'œil avant de les écarter. Seuls les plus récents méritaient que l'on s'y attarde. Ils formaient quatre piles, au centre de la pièce. Lucien Vabre les parcourait tous, y compris ceux qu'examinait le domestique. Après tout, il n'était peut-être pas innocent.

À la nuit tombée, Martin Bret alluma les lampes. Lucien comparait les photographies de la journaliste aux empreintes digitales contenues dans les dossiers. Il avait mal aux yeux, et l'éclairage diffus rendait l'examen difficile. Les heures s'égrenaient au rythme des rapports manuscrits ou des comptes rendus dactylographiés. Tous témoignaient de la terrifiante inventivité que les hommes manifestent quand ils basculent dans le crime. Face à eux, le juge Pierre Multon s'était opposé comme un rempart, une forteresse de justice qui avait pourtant fini par tomber. Lucien se promit de reprendre le flambeau : il lutterait contre le mal, jusqu'à identifier le coupable.

Aux premières lueurs de l'aube, le majordome lui servit un petit déjeuner :

– Monsieur, vous devriez rentrer.

Le gendarme n'écoutait pas.

– Monsieur ?

Les empreintes concordaient. En tout point, sans l'ombre d'un doute. De plus, il y avait une fiche anthropométrique, consignant taille et poids du condamné. Le tout, assorti d'une photographie. Si l'on modifiait son apparence et si l'on ajoutait le poids des années, l'homme était parfaitement reconnaissable.

Lucien Vabre comprit alors qu'il était en danger.

Jeudi 8 mai, jour de l'Ascension. Une matinée ensoleillée, qu'égayait le tintement des cloches. Quelques promeneurs admiraient les phénomènes de réfraction[5], au-dessus du volcan. Les lueurs faisaient comme un feu d'artifice, saluant cette journée de fête. Lucien n'avait pas le cœur à rire. Il lui fallait trouver de l'aide. Ce jeudi étant férié, la permanence de garde serait réduite au minimum. Mieux valait en parler à Françoise. Il était tôt, à

5. La lumière du soleil se réfléchit sur les nuages de cendres, ce qui donne un spectacle merveilleux, semblable à une aurore boréale.

peine huit heures moins vingt, mais la journaliste se trouvait peut-être déjà à son bureau. Elle saurait certainement comment agir. Preuves à l'appui, la jeune femme rédigerait un article qui ferait éclater l'affaire.

Le dossier du juge glissé dans sa vareuse, Lucien fila vers la rédaction. Il parvint à hauteur des locaux ; l'horloge de l'hôpital militaire indiquait sept heures cinquante-deux.

Et le ciel se déchira.

Deux nuages de cendres jaillirent du volcan. L'un à la verticale, sur une hauteur de onze mille mètres environ, formait un énorme champignon obscurcissant le ciel. L'autre filait droit vers la ville. Hommes et bêtes se figèrent en découvrant le nuage brûlant qui fonçait sur Saint-Pierre. Réagissant d'instinct, un cheval frappa son attelage avec ses sabots, afin de s'en dégager. Le conducteur tenta de calmer la bête écumante quand un grondement sourd couvrit ses cris. Des roulements de tonnerre retentirent en une formidable détonation.

La déflagration déchira l'air, projetant le chariot par-dessus les têtes, absorbant pour un instant les cris. Tympans bouchés, abruti par le choc, Lucien Vabre se retrouva plaqué au sol, le visage maculé de cendres, incapable de maîtriser le tremblement qui agitait ses membres. À quelques mètres de lui, le cheval gisait sur le flanc. Des passants qui, quelques secondes plus tôt, plaisantaient en observant le ciel, il ne restait rien. Leurs corps disparaissaient sous un amas gris et épais. Lucien avait été miraculeusement épargné. Toutefois, il ressentait une gêne dans la région du torse. Le gendarme défit les boutons de sa tunique et constata qu'il était touché : de minuscules éclats de pierre lui criblaient la poitrine. Heureusement, les papiers du juge Multon avaient un peu amorti le choc. Lucien Vabre rampa le long du trottoir et se réfugia sous un banc. Il demeura ainsi durant plusieurs minutes qui lui parurent des heures, dans le fracas assourdissant du volcan, évitant de bouger afin de ne pas augmenter la douleur qui commençait à se diffuser dans son corps. Les cendres pénétrèrent sa gorge. Lucien fouilla dans ses poches et récupéra son mouchoir. Il le plaqua sur le visage, se releva en étouffant un gémissement, et courut à fond de train jusqu'au journal. Un goût âcre dans sa bouche lui donnait la nausée, et ses yeux étaient brûlés. Lucien se déplaça presque en aveugle, sous les cendres, indifférent aux coups d'épaule des passants qui fuyaient en désordre. Il parvint finalement à se mettre à l'abri sous un porche. Un homme murmurait, hébété :

– Je ne comprends pas. Ma formation de physicien me permet de calculer la progression du nuage. Il a mis trois secondes pour franchir huit kilomètres !

Puis ce fut le silence, lourd et inquiétant, annonciateur d'une menace bien plus grande. Les pierres. Une nuée minérale qui s'abattit sur ce qui avait été autrefois le vieux quartier de Saint-Pierre.

Rassemblant son courage, Lucien Vabre slaloma entre les roches portées au rouge qui défonçaient la rue et formaient des cratères. Il parvint finalement au journal. Les locaux de la rédaction étaient dévastés.

– Hé ! Par ici !

Françoise se tenait adossée au mur. Ses vêtements étaient en partie carbonisés, mais elle ne semblait pas souffrir. Lucien remarqua alors les bouteilles d'alcool à imprimer.

– Filons d'ici, avec la chaleur, elles vont se transformer en bombes !

La jeune femme obtempéra puis se figea soudain.

– Vous avez entendu ?

– Quoi donc ?

Elle lui fit signe de se taire et pointa du doigt le plafond.

– Des pleurs d'enfant, à l'étage. Suivez-moi.

Ils montèrent précautionneusement les marches, attentifs au moindre son.

– Derrière la réserve de papier.

Françoise et Lucien écartèrent les ramettes. Une fillette, en robe et les pieds nus, était recroquevillée. De l'encre maculait ses cheveux blonds coiffés en tresse. Elle pleurait, et ses yeux effrayés fixaient Françoise. La journaliste lui parla d'une voix douce :

– Allons, n'aie pas peur, viens !

Puis, se tournant vers Lucien, elle ajouta :

– Je la reconnais, c'est la fille d'un rédacteur.

Soudain, la voûte du plafond rompit net. Lucien se jeta sur l'enfant, faisant rempart de son corps. Une poutre manqua de l'écraser. Françoise s'empara de la fillette. Ils dévalèrent les marches et eurent tout juste le temps de sortir avant que le bâtiment ne s'effondre.

– Il faut rejoindre le port ! hurla la jeune femme.

Ils progressèrent en direction du centre. La foule indisciplinée et hurlante s'entassait sur toute l'étendue du marché. Françoise, qui connaissait parfaitement Saint-Pierre, décida d'abandonner la place. Ils prirent par les ruelles du vieux quartier. La poussière incandescente provoquait des incendies. Lucien bloqua sa respiration, s'interdisant d'inhaler l'air brûlant qui carboniserait ses poumons. La vague de chaleur les plaqua contre un mur. Les pierres continuaient de s'abattre, poursuivant leur œuvre de mort. Lucien tenait le visage de la fillette contre son épaule, afin qu'elle ne puisse voir le désastre. Ils contournèrent les décombres pour s'engager dans les docks, gênés aussi bien par l'empilement des corps que par le goudron de la chaussée qui poissait sous leurs semelles.

– Par ici !

Françoise trouvait son chemin dans la nuée âcre, écartant de la main les tisons tourbillonnants qui finiraient par retomber pour allumer de nouveaux foyers. Les pompiers s'activaient à pratiquer des coupe-feu en dynamitant des immeubles. Ils étaient assistés par des ouvriers volontaires qui défonçaient les façades à coups de masses.

Lucien ne sentait plus sa peau, sèche et tirée, et ses lèvres craquelaient aux commissures. De plus, sa poitrine douloureuse lui coupait le souffle. Mais il fallait tenir. Ils décidèrent de rebrousser chemin en direction des quais quand un conseiller municipal leur barra la route :

– Vous n'avez pas entendu le message du gouverneur ? Il veut qu'on garde son sang-froid et qu'on se réfugie sur les navires. Alors moi, je ne m'attarde pas, et vous feriez bien d'en faire autant.

Sans demander son reste, l'homme détala. Françoise et Lucien le virent s'éloigner, écrasés par un sentiment inédit d'impuissance, alors que le sinistre progressait en direction du port. Des réfugiés par centaines, natifs de l'île ou juste débarqués, s'agglutinaient sur les embarcadères pour échapper à la fournaise. Les plus avisés balançaient à la mer une cargaison d'énormes fûts de rhum. La chaleur en aurait fait des bombes incendiaires.

– On ne peut prendre le risque de périr asphyxiés ou transformés en torches humaines ! cria le gendarme en désignant la fillette.

Lucien la portait avec peine. Ses mains étaient couvertes d'ampoules qui menaçaient d'éclater, et de profondes crevasses striaient ses paumes.

– Le point d'embarquement !

Le *Roddam* se trouvait toujours à quai. Ils longèrent la berge jusqu'au vaisseau, dans la cohue fuyant l'île. Les réfugiés n'avaient pour seuls biens que les maigres effets qu'ils serraient dans leurs bras. On se bousculait à hauteur du navire, et certains financiers proposaient aux matelots des sommes fantastiques pour accéder au pont. Sans succès. Un quartier-maître tira plusieurs coups de feu en l'air. L'équipage du *Roddam* maintenait la discipline tout en luttant contre la nuée de pierres ardentes qui transformait les voiles en tortillons de feu. Lucien vit avec effroi un roc incandescent frapper une barque de plein fouet. Elle s'inclina sur le flanc et sombra.

– Les femmes et les enfants d'abord ! hurla le commandant dans son porte-voix.

Lucien tendit la fillette à Françoise :

– Grimpez à bord, c'est votre unique chance, vite !

– Certainement pas ! lâcha une voix derrière eux.

Lucien Vabre tourna la tête. Son supérieur braquait un pistolet et les tenait en joue.

– Passe-moi la gamine. C'est mon passeport pour quitter l'île.

L'officier était dissimulé par des ballots de coton. Depuis le *Roddam*, on ne pouvait l'apercevoir. Mesurant ses gestes, Lucien posa l'enfant à terre.

– Vous êtes le meurtrier de Pierre Multon !

L'homme esquissa un sourire de mépris :

– Tu as trouvé bien vite. Encore faut-il le prouver.

Le jeune gendarme tira de sa tunique le dossier à la couverture roussie par les impacts :

– Tout est là, rédigé par la main du juge.

– Un autre assassin a fait bien plus de victimes aujourd'hui !

– C'est une tragédie de la nature, la faute n'en revient à personne. Votre crime, lui, est prémédité. Préparé de longue date, durant des années.

Le tueur pointa du canon la nuée ardente :

– À quoi sert de remuer les cendres ? Observe le résultat ! J'ai bien essayé de te dissuader en freinant ton enquête. Toutes ces méthodes modernes, tu crois que je m'en moquais ? Bien au contraire ! À partir du moment où tu as relevé les empreintes, j'ai redouté d'être découvert. Et tu as fini par comprendre, toi, un simple gendarme de première classe, alors que les forces de l'ordre ont perdu ma trace !

Ses paupières tressautaient sous l'effet de la tension. Le commandant froid et efficace avait laissé place à un fou :

– Oui, je me suis vengé du juge qui m'a envoyé au bagne de Cayenne. J'ai payé pour un crime que je n'avais pas commis !

Lucien Vabre ne pouvait le laisser délirer davantage. Il lut à haute voix un feuillet en partie carbonisé :

– Jérôme Dorsac, escroc, inculpé pour chantage, assassin récidiviste, vous étiez l'ennemi public numéro un, on ne peut dire que vous êtes innocent !

L'assassin tressaillit, comme sous l'effet d'une insulte. Puis il se reprit et affecta un ton détaché :

– Peut-être, mon garçon, mais sur la dernière affaire, il n'y avait rien. Craignant de me voir filer, le juge Multon a forgé des preuves et monté un dossier de toutes pièces. Une histoire de cambriolage, pour me faire tomber. Pas très joli de la part d'un homme réputé pour son intégrité !

Le jeune gendarme songea aux dernières paroles de Pierre Multon : « Toutes ces années, il est resté inactif. Maintenant, il va exploser. »

– Le juge Multon n'a pas senti la menace ? fit Lucien.

– J'ai su être discret, mais il a fini par voir clair dans mon jeu.

– Pourquoi ne vous a-t-il pas fait arrêter ?

– Il a eu peur que l'on découvre son acte. Oui, il a craint le scandale. Et la mort aussi. À juste titre, d'ailleurs.

Il fallait faire parler le meurtrier, détourner son attention. Lucien poursuivit :

– Mais comment avez-vous fait pour intégrer la gendarmerie ?

– Après être sorti du bagne, je me suis fait oublier, préparant ma vengeance. En changeant d'identité, je suis devenu respectable, plus personne ne connaissait Jérôme Dorsac. Mais il a fallu que tu t'en mêles, avec ton amie journaliste. C'est pourquoi vous devez périr. Avant tout, passe-moi l'enfant !

– Non !

Françoise s'interposa, protégeant la fillette. Par réflexe, elle lui masqua les yeux en plaçant une main sur son visage.

– Vous l'aurez voulu !

Dorsac appuya sur la détente. Stupéfait, Lucien vit l'arme exploser littéralement, déchiquetant la main du tueur qui s'effondra à terre.

– La cendre, le canon était bouché par la cendre du volcan ! déduisit Lucien à voix haute.

L'assassin fit mine de se relever quand les ballots de coton s'embrasèrent au contact des éclats d'acier brûlant provenant du pistolet. Un hurlement leur parvint, bientôt couvert par le ronflement des flammes.

– Ne perdons pas de temps ! ordonna Lucien.

Ils se ruèrent jusqu'au navire. Un matelot du *Roddam* s'empara de la fillette puis aida Françoise à embarquer. Lucien leur adressa un sourire et s'apprêta à fuir pour trouver un abri.

– Monsieur, par ici, monsieur !

Lucien Vabre reconnut la voix de Martin Bret. Le majordome se tenait sur le pont du vaisseau, près du quartier-maître. Celui-ci apostropha le jeune homme :

– Hé, toi ! Tu es gendarme, pas vrai ?

– Oui, fit Lucien en époussetant sa vareuse couverte de cendre.

– Alors grimpe, on va avoir besoin d'hommes pour garantir l'ordre et réparer les dégâts.

Martin Bret tendit la main au jeune homme, pour l'aider à embarquer. Une poigne ferme, qui était comme un « merci ». Le *Roddam* quitta le port, démâté, criblé d'impacts du fond de cales aux haubans. Il gagna la haute mer et parvint finalement à rejoindre le port de Castries, sur l'île voisine de Sainte-Lucie. À son bord, on ne comptait que vingt-deux survivants.

Fort-de-France, le 12 mai 1902

Ma chère maman,

Pardonne-moi de n'avoir pas donné plus tôt de mes nouvelles. Mais comme tu l'imagines à la lecture des journaux, la communication par télégraphe n'était pas facile. Certaines lignes ont été interrompues, d'autres ont fait l'objet d'une réquisition par les autorités. L'important est que tu cesses d'avoir du chagrin : ton fils est vivant !

Pour l'heure, comme nombre de réfugiés, j'habite dans une école. On s'occupe bien de nous, et je peux compter sur le soutien d'une amie. Elle s'appelle Françoise et elle est journaliste, tu l'aimerais beaucoup. Elle a pris soin d'une petite fille, jusqu'à ce que ses parents la retrouvent. Au moment de la catastrophe, ils se trouvaient loin du centre qui a été dévasté. D'autres n'ont pas eu cette chance. Mais un homme qui compte beaucoup pour moi, Martin Bret, fait partie des survivants. Je t'en parlerai.

Lorsque le détachement militaire du croiseur Suchet *a débarqué sur l'île, vers quinze heures, le feu était encore vif. Tous les arbres étaient couchés, rongés par le feu jusqu'aux racines. Cela, pour ce qui concerne la flore, mais hélas, il faut aussi évoquer le sort des humains. On pense que la majorité des victimes est due au nuage qui était comme un gaz asphyxiant. Quant à la cendre, qui a surgi du flanc ouvert de la montagne, elle a parfois atteint mille degrés. À croire que le volcan a frappé en aveugle, comme un tueur sans mobile. Que je puisse t'écrire aujourd'hui relève du miracle.*

Ton Lucien

PS : j'ai obtenu une permission. C'est un congé assez long qui me permet de rentrer en métropole. À cette occasion, je te parlerai de ma première enquête. Mais, surtout, tu feras la connaissance de Françoise.

Réveiller la vie

de Johan Heliot
illustré par Marc Bourgne

Planète Mars, année 2099 après J.-C.

– L'énergie dégagée par les plus fortes éruptions volcaniques a beau être impressionnante, elle ne représente pas grand-chose si on la compare avec tout ce que les humains produisent dans leur industrie. Ce n'est donc pas suffisant.

– Peut-être. Mais le plus grand volcan terrestre ne dépasse pas les 6 887 mètres. Or, celui-ci culmine à vingt-sept kilomètres d'altitude. Ça fait une sacrée différence, tu ne crois pas ?

– Si, évidemment. Seulement, il y a un problème.

– Lequel ?

– L'Olympus Mons[1] n'est plus en activité depuis au moins cent millions d'années.

– Un fameux bail…

– Tu l'as dit.

– Cependant, on peut toujours le réveiller.

– Nous y voilà ! Je redoutais que tu prononces ces mots-là.

– Pourquoi ?

– Parce que la dernière fois que je les ai entendus, nous avons couru tout droit à la catastrophe.

– Je te promets qu'il n'y aura pas d'embrouilles. Juré !

– Comment pourrais-je te faire confiance ? Tu t'apprêtes à réveiller le volcan le plus monstrueux du système solaire ! Bon sang, tu n'as donc pas retenu la leçon ?

– Nous n'avons pas le choix. Il nous faut suffisamment d'énergie pour quitter cette planète et mettre la plus grande distance possible entre eux et nous. Une distance qu'ils ne soient pas près de combler avant au moins un million d'années, cette fois…

Ils se tenaient sur les contreforts de l'Olympus Mons, solidement campés sur les pattes de leurs combinaisons pressurisées, et ils observaient le formidable panorama couleur sang qui s'étendait à des centaines de kilomètres devant eux.

1. Volcan le plus haut du système solaire, situé sur la planète Mars.

Ils étaient deux et ils étaient seuls sur la planète rouge. Mais plus pour longtemps. Après plusieurs milliers d'années de tranquillité, ils allaient avoir de la visite. Or, ils n'aimaient rien tant que le calme de la solitude.

Ils regagnèrent l'abri de leur antre, creusé dans le flanc de la montagne. Les trois pieds mécaniques de leurs combinaisons se déplaçaient toujours avec souplesse, même après tout ce temps passé à arpenter les déserts de poussière ocre, à explorer leur nouveau domaine. Au début, ils avaient été excités de découvrir les plateaux et les vallées de la planète rouge. Mais après les avoir parcourus en tous sens sans rien y trouver d'intéressant, ils avaient recommencé à s'ennuyer. Oh, cela avait pris des siècles, mais enfin, ils ne disposaient pas d'une infinie réserve de patience.

Parfois, pour passer le temps, ils se racontaient de vieilles histoires, revivaient d'anciennes aventures. Leurs préférées, bien sûr, se déroulaient sur l'île merveilleuse où ils avaient vécu autrefois, sur Terre, avant la catastrophe.

Planète Terre, année 1548 avant J.-C.

– Pourquoi quitterions-nous cet endroit ? On s'y amuse, tout y pousse à profusion, les gens sont accueillants, il y a toutes ces fantastiques machines et ces drôles de créatures.

– Parce que tout ça ne durera pas. Les humains qui habitent près de la mer ont appris à naviguer et ils ont forgé des lames solides. Tu peux deviner la suite.

Jin soupira. Évidemment, Lor avait raison. Ça se passait toujours de la même façon : où qu'ils aillent, tôt ou tard un événement indépendant de leur volonté les obligeait à décamper. Jin se tourna vers son compagnon et demanda :

– Où irons-nous, cette fois ?

– Eh bien, cela mérite réflexion, répondit Lor, grattant sa belle barbe de neige d'un air soucieux. Il faudrait trouver un endroit où les petits bipèdes ne soient pas très nombreux, ni trop agressifs.

– Seulement, les hommes se sont répandus partout à la surface de la planète, à part sur ses pôles.

– Je n'aime pas la glace, je préfère le sable du désert.

– Les caravanes des hommes sillonnent chaque continent, objecta Jin.

Lor grommela dans sa barbe, visiblement contrarié. Il se mit à arpenter la terrasse panoramique de long en large. Jin demeura immobile, les coudes appuyés à la rambarde, dans la contemplation de la cité qui s'étendait en contrebas. Les hautes flèches de cristal et de métal semblaient relier la mer, visible à l'horizon, au ciel. Construite au pied de l'unique montagne de l'île, la merveilleuse Atlantide était un havre pour des voyageurs tels que Lor et Jin. Ses habitants formaient un peuple fier et sage, retiré des affaires du monde des humains. Arrivés sur Terre quelques milliers d'années plus tôt, les Atlantes accueillaient quiconque se présentait à eux avec des intentions pacifiques, dès lors que les visiteurs se conformaient aux lois en vigueur dans l'île. Ni Lor ni Jin n'y trouvaient rien à redire – les deux bourlingueurs avaient rarement connu étape si agréable dans leur périple galactique. Mais les autres habitants de la planète – les humains – menaçaient à présent la paix atlante.

– Tu sais quoi, Jin ? interrogea soudain Lor, interrompant la rêverie de son ami.

Jin se tourna vers son compagnon. Celui-ci avait cessé ses allées et venues. Campé au milieu de la terrasse, il levait le nez au ciel et dardait son regard de feu sur la voûte céleste.

– Je crois qu'il est temps pour nous de repartir, continua Lor.

– Je sais qu'il va nous falloir quitter l'Atlantide, mais... Oh, attends un peu.

Jin scruta le ciel à son tour. Une épaisse couche de nuages recouvrait l'île, mais Jin savait que derrière elle se déroulait la toile infinie de l'espace. Lor le savait aussi, évidemment.

– Tu envisages de quitter la Terre, c'est bien ça ? demanda Jin.

Lor ne répondit pas. Il se contenta d'un hochement du menton.

– Tu oublies un simple détail, fit remarquer Jin. Notre vaisseau est en panne sèche, raison pour laquelle nous avons dû nous échouer sur cette planète, d'ailleurs.

– J'y ai bien réfléchi, depuis tout le temps que nous sommes bloqués ici, répondit Lor. Et je pense avoir trouvé la solution à notre problème.

Anticipant la réaction de son ami, Lor pointa l'index sur le flanc rocailleux de la montagne qui s'élevait face à la ville. Perplexe, Jin suivit la direction indiquée par le doigt tendu. Il ne vit rien qu'il ne connaissait déjà par cœur. Ils vivaient là depuis des siècles, dans l'agréable logement avec vue imprenable sur l'Atlantide mis à leur disposition par les autorités locales. Culminant à deux cent-cinquante mètres au-dessus des plus hautes tours, un dôme fumant coiffait toute l'île. Parfois, un grondement sourd s'échappait des entrailles de la montagne, répercuté en écho le long des boyaux creusés dans la roche. Les Atlantes ne s'en souciaient guère, habitués qu'ils étaient aux caprices de leur île. Ils avaient depuis longtemps domestiqué la bête sauvage tapie sous le roc. Grâce à leurs ingénieuses machines, la chaleur captive du sous-sol était dirigée vers les habitations, ce qui garantissait une température constante tout au long de l'année. Le gaz emprisonné dans les poches souterraines était aspiré, puis traité de telle sorte qu'il ne présente plus de danger, avant de brûler dans les lampadaires disséminés sur les avenues et aux carrefours. Enfin, contrairement aux humains, les Atlantes avaient réussi à rendre leurs chars mobiles sans l'aide d'animaux, en détournant la puissance du sous-sol de l'île au profit des systèmes mécaniques qui équipaient leurs véhicules. C'était certainement à cette dernière utilisation des forces du volcan que Lor faisait allusion en désignant le mont nimbé de fumerolles.

– Il y a là-dedans suffisamment d'énergie pour alimenter notre réacteur et nous arracher à la gravité de cette planète, confirma Lor. J'en suis persuadé. Les Atlantes se contentent de puiser dans les sources les plus accessibles, mais ils sont loin d'exploiter toutes les capacités du volcan.

– Que veux-tu dire ? De quelles capacités parles-tu ? demanda Jin.

– J'ai effectué les calculs des centaines de fois et je suis sûr de ne pas me tromper ; il suffit de donner un petit coup de pouce à la nature, et elle fera le reste du boulot toute seule.

Jin redoutait de comprendre le sens des paroles de Lor.

– Tu n'es pas sérieux !

– Au contraire, je ne l'ai jamais autant été, mon vieux. Écoute, nous savons pertinemment, toi et moi, que l'Atlantide est désormais condamnée. Bientôt, dans quelques semaines ou dans dix ans – quelle importance ? – bientôt des hordes de barbares humains vont fondre sur elle, attirés par ses richesses. Que crois-tu qu'ils vont laisser derrière eux ? Nous avons déjà vu les humains à l'œuvre en Égypte, en Chine ou en Grèce ; c'est toujours la même histoire : pillage, meurtre, destruction... Même si les Atlantes ont pour eux la sagesse et la supériorité technologique, les hommes sont les plus nombreux. Il en viendra encore et encore, jusqu'à ce que l'île ne soit plus qu'un amas de cendre.

– Ce qu'elle sera également si nous appliquons ton plan ! riposta Jin.

Lor haussa ses massives épaules.

– À ceci près que nous aurons pu nous esquiver à temps. Tu le vois, je crains que nous n'ayons pas le choix.

Jin n'ajouta rien, cela aurait été inutile. Quand Lor avait décidé quelque chose, impossible de le faire changer d'avis. Ainsi, c'était lui qui avait proposé d'effectuer une virée dans la galaxie, afin de voir ce qui se passait sur les autres planètes habitées des différents systèmes solaires. Jin avait acquiescé, l'idée lui avait paru excellente. Depuis, son enthousiasme s'était quelque peu modéré.

– Bon, reprit Lor, puisque nous sommes d'accord, il n'y a plus qu'à régler les problèmes techniques…

Planète Mars, année 2099 après J.-C.

Ils se mirent au travail, sollicitant l'armada de robots embarqués à bord de leur vaisseau. Les petites machines avaient déjà creusé un réseau de galeries dans l'Olympus Mons, où Jin et Lor avaient installé leurs pénates martiens. Puis elles avaient aménagé un nid douillet à leurs propriétaires, tirant parti des richesses du sous-sol pour synthétiser les matériaux indispensables. Une fois chaque salle correctement isolée et équipée, plusieurs années après le débarquement sur Mars, les robots étaient passés en mode veille, attendant le moment où on aurait à nouveau besoin d'eux.

Ce moment était venu à la seconde où Lor, vigilant, avait repéré d'inquiétants signes d'activités du côté de la Terre. Les multiples détecteurs braqués sur la planète bleue avaient signalé l'envol d'un vaisseau spatial suffisamment vaste pour ne laisser aucun doute sur sa fonction : transporter sur Mars la première vague de la colonisation humaine.

– Et voilà, avait sobrement commenté Lor. Ça recommence, comme avec l'Atlantide. Les barbares s'apprêtent à débarquer. Pas moyen d'être tranquilles plus de trois ou quatre mille ans, avec eux !

– Ce n'est pas grave, avait temporisé Jin. Il nous

reste assez d'énergie pour redécoller et aller voir ailleurs.

– Où ça ? Nous avons fait le tour de ce fichu système solaire plusieurs fois avant de nous décider pour Mars. Il n'y a pas d'autres endroits où nous puissions être certains de ne jamais les voir pointer leurs nez un de ces jours… À moins de mettre entre les humains et nous la distance nécessaire.

– C'est-à-dire ?

– Quittons le système solaire, mettons un paquet d'années-lumière derrière nous, proposa Lor. D'ici à ce que leurs vaisseaux dépassent la vitesse de la lumière, nous serons redevenus poussière.

Jin réfléchit un court instant. Lor avait encore raison, évidemment. Mais il oubliait un détail :

– Les batteries du vaisseau ne sont pas chargées à bloc. L'énergie fournie par l'Atlantide a été en grande partie utilisée pour notre balade dans le système solaire, avant d'arriver ici.

– Crois-tu que je l'ignore ? Et as-tu remarqué *où* nous nous sommes installés ?

– Je craignais que tu ne dises ça, avoua Jin en soupirant.

L'Olympus Mons, bien entendu… Cette destination n'avait jamais été une coïncidence. Lor avait toujours envisagé que viendrait le moment de repartir, depuis le début, quelques milliers d'années plus tôt.

– Je suppose qu'il est inutile de chercher à te convaincre de renoncer, essaya Jin.

– Allons, pas de défaitisme ! Haut les cœurs ! s'enthousiasma Lor. Nous avons du travail : il faut tout préparer pour le grand départ. Mais rien ne presse : à la vitesse où se déplace leur vaisseau, les Terriens ne seront pas dans les parages avant plusieurs années.

– Au moins, ça nous laissera le temps de bien faire les choses, *cette fois*.

Lor ne releva pas l'ironie. Il était trop excité pour cela, à la perspective de s'attaquer à l'anatomie du volcan géant. Découvrir les rouages intimes de l'Olympus, réveiller la vie endormie de la planète Mars, voilà qui plongeait Lor dans un état de ravissement, comme un enfant à l'approche du jour de son anniversaire. Jin soupçonnait même son ami de tirer plus de plaisir à l'idée de déclencher une mégaéruption volcanique qu'à celle de reprendre leur voyage.

Il se souvenait de la réaction de Lor, quand ils avaient visité le complexe souterrain construit par les Atlantes – une réaction explosive, pour le moins…

Planète Terre, année 1548 avant J.-C.

Accéder aux machines se révéla un jeu d'enfant. Les Atlantes avaient confiance en leurs invités – et comment en aurait-il été autrement ? Jin et Lor partageaient leur existence depuis tant d'années, ils s'étaient toujours montrés courtois et affables envers leurs hôtes et personne n'avait jamais rien eu à leur reprocher. Tombés du ciel un beau jour, ces drôles de personnages ressemblaient beaucoup aux premiers habitants de l'Atlantide, voire aux humains par certains côtés. Oh, bien sûr, on ne pouvait pas prétendre que leur comportement était tout à fait conforme à la sagesse atlante en toutes circonstances, mais enfin, ils faisaient de leur mieux... Et puis, eux aussi venaient de l'espace, d'une lointaine planète orbitant autour d'une non moins lointaine étoile, alors, entre visiteurs cosmiques, ne se devait-on pas solidarité et assistance ? Bref, les Atlantes ne virent aucun inconvénient à satisfaire la curiosité des deux compères (à vrai dire, ils tirèrent même un soupçon de vanité à ce que Lor et Jin daignent s'intéresser à leur fabuleuse installation).

– Magnifique ! s'exclama Lor en caressant sa barbe, comme chaque fois qu'il était sincèrement ému.

Jin dut faire un effort pour paraître aussi satisfait que son compagnon. Il avait mal aux pieds et à la tête, à cause de la longue balade souterraine qu'ils venaient d'effectuer. Après avoir rejoint la tour qui abritait la partie externe du complexe, ils s'étaient enfoncés profondément dans le cœur de l'île, arpentant un dédale de galeries pour arriver aussi près que possible du centre de la montagne. Durant le trajet, Lor avait bombardé leur guide de questions, l'interrogeant sur le fonctionnement des machines aperçues. Jin n'avait pas suivi les explications données par l'Atlante, mais il était certain que Lor n'en avait pas perdu une miette – des deux, c'était Lor le plus calé en matière de science.

– La situation géographique de notre île est idéale, voyez-vous, pérorait l'Atlante (il avait bien un nom, comme chacun de ses congénères, mais celui-ci était difficilement prononçable, en tout cas pas par un gosier du type de celui de Lor ou Jin, encore moins par un modèle humain). Elle se situe à l'exacte verticale du point de rencontre entre deux grandes plaques terrestres glissant à la surface de cette planète. Imaginez que, sous nos pieds, des milliers de mètres en dessous des flots, deux morceaux de l'écorce terrestre se télescopent, à la vitesse de quelques centimètres par an à peine. La violence du choc est néanmoins suffisante pour provoquer des fissures profondes jusqu'au centre de la Terre, où bouillonnent les fluides primordiaux.

– Il veut parler du magma, souffla Lor à l'oreille de Jin. Les Atlantes sont un peu mélodramatiques dans leur genre…

L'Atlante fronça les sourcils et toussa, gêné par l'interruption, puis reprit :

– Les plaques se chevauchent, la plus légère se soulève et forme une chaîne de montagnes sous-marines, dont certaines crêtes émergent, donnant naissance à de véritables archipels. Atlantis a vu le jour ainsi, il y a déjà longtemps. Comme c'est souvent le cas, une fissure relie notre île à une faille dans le sous-sol, remplie de roche en fusion ; le volcan sert naturellement à l'évacuation de la lave et des gaz, en cas de secousse de l'écorce terrestre. Mais avec un brin d'ingéniosité, il est possible de détourner cette formidable énergie à des fins moins destructrices.

– Ah, ça commence enfin à devenir intéressant, fit Lor, poussant Jin du coude.

Ils avaient atteint une salle aux dimensions respectables, dont le plafond se perdait dans des hauteurs obscures, parcourues par des kilomètres de tuyauterie. Les murs étaient recouverts de cadrans, où s'agitaient des milliers d'aiguilles prises de folie. Une forêt de leviers et de volants métalliques avait poussé au milieu de la pièce. Plusieurs dizaines d'Atlantes étaient occupés à pousser ou tirer les leviers, tourner dans un sens et puis l'autre les volants, avec patience et concentration, l'œil rivé aux indications fournies par les cadrans. Un grondement continu noyait les conversations, le plancher vibrait sous les semelles, comme s'il avait abrité l'antre d'un dragon ronflant.

Tout cela était sans doute merveilleux à voir et à entendre, mais Jin ne fit aucun effort pour suivre les explications de l'Atlante. Lor, au contraire, hochait la tête, prenait des notes, faisait répéter tel ou tel détail, s'approchait d'un tableau de contrôle pour mieux le jauger, puis d'un autre, sans jamais se départir de son agaçant sourire. Finalement, il rejoignit son ami en se frottant la barbe.

– Oh, oh ! je n'aime pas quand tu fais ça, dit Jin.

– Arrête de te tracasser, rétorqua Lor. Tout baigne ! Leur truc a beau être impressionnant, son fonctionnement est assez simple pour qu'un gamin puisse le mettre en route. Leur machine pompe directement l'énergie nécessaire au niveau le plus profond, ce qui l'empêche de parvenir jusqu'au volcan et prévient les éruptions. Leur volcan est ainsi maintenu en sommeil.

– En ce cas, je ne vois pas en quoi il peut nous être utile.

Lor poussa un soupir à fendre l'âme :

– C'est pourtant simple.

– Je n'ai pas cette impression quand je regarde autour de moi, fit remarquer Jin.

– Parce que tu te laisses abuser par le décor. Réfléchis : quelles sont les données du problème ? Nous avons besoin d'un petit coup de pouce pour décoller d'ici avant l'arrivée des humains. Les Atlantes disposent d'une machine construite dans le but de fournir de l'énergie à quiconque en a besoin sur leur île ; or, nous sommes les invités d'honneur des Atlantes… Conclusion ?

– Conclusion, soupira Jin, tu t'apprêtes à commettre une énorme erreur, à mon avis.

Planète Mars, année 2099 après J.-C.

La mémoire des robots avait conservé dans ses moindres détails tout ce qui concernait l'Atlantide et son volcan. Néanmoins, l'Olympus Mons appartenait à la catégorie supérieure – à vrai dire, il était le seul dans sa catégorie de tout ce système solaire.

Aussi Lor dut-il procéder à de savants calculs avant que les travaux commencent ; on ne réveille pas n'importe comment un monstre de vingt-sept kilomètres de haut ! Canaliser la formidable énergie vomie par l'éruption d'un pareil titan nécessite quelques précautions.

Tout d'abord, il convient d'accéder prudemment à la chambre magmatique, le réservoir où s'accumule le magma provenant des profondeurs de la planète. Ensuite, il faut déposer aux endroits adéquats les charges explosives qui mettront en branle le mécanisme d'éruption, et parfaitement doser leur puissance. Ce dernier point est primordial. Enfin, il n'y a plus qu'à espérer que tout se déroule comme prévu ; une fois les explosions en chaîne déclenchées, rien ne peut plus arrêter le processus.

– Pas d'erreur, cette fois, hein ? demanda Jin, le jour où Lor annonça que les robots avaient atteint la chambre magmatique, une quinzaine de kilomètres sous la surface de la plaine de lave solidifiée qui tapissait le fond du gigantesque cratère de l'Olympus.

– Tu ne vas pas me reprocher le coup de l'Atlantide toute ma vie, non ? Ça risque de devenir lassant, si on considère que j'ai encore quelques milliers d'années devant moi…

Jin préféra ne pas rétorquer que rien n'était moins sûr, que si quelque chose tournait mal leur espérance de vie serait brusquement réduite à une poignée de secondes. Déjà, la dernière fois, il s'en était fallu de peu… Lor essaya de le rassurer :

– J'ai tiré les leçons de l'échec atlante, tu sais.

– Espérons...

Ils dirigèrent l'installation des charges explosives depuis la salle de commande de leur vaisseau, bien à l'abri. Les robots déposèrent les bombes au plus près de la chambre magmatique, au fond des tunnels percés dans le ventre du volcan. Puis ils s'attelèrent à la disposition des capteurs d'énergie, reliés par des kilomètres de câbles aux batteries du vaisseau. Lor avait amélioré et simplifié la complexe machinerie mise au point par les Atlantes. Là où les ingénieurs de l'île avaient eu besoin d'édifier une tour immense pour abriter leurs appareils, une simple salle suffisait. De même, plus question de milliers de cadrans, de leviers et autres volants à manœuvrer : l'ordinateur du vaisseau suffirait à gérer le flux d'énergie quand le volcan se réveillerait, et un seul individu – Lor, en l'occurrence – pouvait surveiller l'opération.

– Tu vois, jubilait Lor. Pas la peine de t'inquiéter. Je contrôle parfaitement la situation.

– Jusque-là, oui, admit Jin. Mais une fois que tout commencera à sauter, comment être sûr que ton plan se déroulera comme prévu ?

– Un volcan n'entre pas forcément en éruption explosive, c'est d'ailleurs le nœud du problème, exposa Lor. Certains se contentent de vomir de la lave, sans autres projections, et ne dégagent que peu d'énergie. D'autres émettent des projections diverses, de la roche, de la cendre en plus des coulées de lave. Mais le modèle qui nous intéresse, l'éruption explosive, est encore différent. La lave ne jaillit pas du volcan, elle provoque des explosions en empêchant la libération des gaz. Le hic, c'est que la plupart des volcans se comportent en empruntant un peu à chaque modèle. On ne sait jamais vraiment à quoi s'attendre. C'est pour ça que la situation a vite dégénéré sur l'Atlantide. Je pensais avoir affaire à un banal volcan cracheur de lave. J'ai donc voulu l'inciter à se montrer plus hargneux, histoire de recharger plus rapidement nos batteries.

– Pour ça, tu n'as rien trouvé de mieux que de balancer une partie de notre arsenal dans les fissures du volcan.

– Il ne s'agissait que de quelques bombinettes. Même pas des têtes nucléaires ! Je ne suis pas inconscient, non plus…

Jin ne fit aucun commentaire. Il se souvenait encore parfaitement des dernières heures de l'Atlantide et de la panique qui avait gagné les habitants de l'île quand leur merveilleux univers avait commencé à se désagréger autour d'eux.

Planète Terre, année 1548 avant J.-C.

– Tu as fait quoi ? !

– Inutile de hurler comme ça. Est-ce que je m'énerve, moi ?

Ils achevaient de boucler leurs bagages et étaient sur le point de rejoindre leur embarcation, qui patientait dans la vaste prairie où ils avaient atterri, après un survol rapide de la cité, une éternité plus tôt.

– J'ai dû parer au plus pressé, se justifia Lor. Donner un petit coup de pouce à la nature, tu te souviens ?

Jin secoua la tête, exaspéré. Après qu'ils eurent exposé leur requête auprès du conseil des Anciens, les ingénieurs atlantes avaient accepté de les aider à recharger les batteries du vaisseau. Ils avaient pour cela détourné une grande partie de l'énergie destinée à l'alimentation des lampadaires publics et des systèmes de chauffage. Une baisse sensible de confort pour les citoyens de l'Atlantide, prêts à tout pour satisfaire leurs hôtes. Néanmoins, Lor estima que cette solution n'était pas assez rapide.

– À ce rythme-là, on n'aura pas fait le plein avant cinq cents ans… Les humains auront débarqué bien avant.

– Je n'arrive pas à y croire, répéta Jin. Tu as envoyé des robots déposer des bombes dans le volcan !

– C'est la meilleure solution, je t'assure. Allez viens, il vaut mieux ne pas s'attarder.

Dehors, les Atlantes vaquaient à leurs occupations ordinaires : se promener, discuter, voire philosopher en marchant, ce qui représentait leur activité principale. Lor et Jin se faufilèrent au pied des immenses tours de verre, en direction de la sortie de la ville. Ils avaient à peine parcouru quelques kilomètres quand les lampadaires éclairant les avenues se mirent à clignoter, avant de s'éteindre, plongeant la cité dans la pénombre. Dans le même temps, l'écho de plusieurs détonations résonna dans les rues, comme si la montagne venait de roter.

Les Atlantes se figèrent. Tous les regards se tournèrent vers la silhouette trapue du volcan. Soudain, un cri s'éleva :

– Regardez ! La montagne !

Lor saisit Jin par le coude et lui fit hâter le pas. Tout en trottinant, Jin tâchait d'observer ce qui se passait sur les hauteurs du dôme. Un énorme panache grisâtre s'échappait du cratère, pareil à un phénoménal champignon, et gonflait de seconde en seconde jusqu'à emplir tout le ciel. Jin remarqua qu'il faisait également plus chaud, et qu'il avait quelques difficultés à respirer.

– Moins vite, s'il te plaît. Je suis en nage…

– Crois-moi, il vaut mieux au contraire accélérer, affirma Lor.

– Pourquoi ?

La réponse vint de la montagne. D'un coup, le monstrueux nuage accumulé au-dessus du volcan creva et s'affaissa. Une avalanche de poussière grise dévala la pente en direction de la cité. Les Atlantes demeuraient prostrés sur place, fascinés par l'étrange spectacle offert par leur île.

– Qu'est-ce que c'est ? interrogea Jin, soufflant et haletant à présent qu'il courait dans le sillage de son ami.

– Nuée ardente… lança Lor, sans ralentir. Des

cendres… brûlantes… qui vont… tout cuire… sur leur passage…

Il n'en fallut pas plus pour motiver Jin. Il abandonna ses bagages et dépassa Lor. Bientôt, les deux touristes galactiques battaient des records de vitesse dans leur fuite éperdue. Ils atteignirent les limites de la cité au moment où, dans leur dos, la nuée ardente engloutissait les bâtiments élevés au pied de la montagne ainsi que leurs habitants. La panique gagna peu à peu le reste de la population, mais il était trop tard pour la plupart des Atlantes. La vitesse acquise par la nuée lui permit d'envahir les avenues avant que quiconque ait pu réagir. Seuls ceux qui se trouvaient à l'autre extrémité de la ville, par rapport au volcan, parvinrent à gagner le port et à échapper à la calcination. Dans leur affolement, les fuyards se jetèrent à l'eau. Hélas, celle-ci était portée à ébullition par l'échauffement brutal de la température. Au final, tous eurent droit à la cuisson prédite par Lor.

Le vaisseau n'avait heureusement pas été atteint par la nuée. La prairie où il se trouvait formait une butte dominant la ville. À bout de souffle, Jin contempla le désastre en contrebas, avant de pénétrer dans l'appareil climatisé ; on n'apercevait plus que les parties supérieures des tours de verre et de métal. Le reste de l'Atlantide avait été noyé sous le flot de cendres, qui commençait déjà à durcir en refroidissant au contact de l'air. Il ne s'était pas écoulé plus de deux minutes depuis que le nuage était apparu au sommet du volcan.

Le cœur lourd, les larmes aux yeux, Jin gagna le cockpit. Lor vérifiait les instruments.

– Les batteries ont accumulé assez d'énergie, annonça-t-il. On peut décoller.

Jin se crispa dans son fauteuil de navigateur.

– Ce sont les bombes qui ont déclenché cette catastrophe, n'est-ce pas ? demanda-t-il. Tu savais que ça risquait de se produire !

Lor allait s'expliquer quand le vaisseau se mit à trembler. Les vibrations n'étaient pas très violentes, mais elles se prolongèrent une dizaine de secondes. Des voyants rouges se mirent à clignoter un peu partout dans la cabine.

– On s'arrache ! hurla Lor, pianotant comme un fou sur le tableau de commande.

Les réacteurs émirent un long sifflement aigu et la prairie commença à s'éloigner du vaisseau. Dehors, on n'apercevait plus que la silhouette menaçante du volcan, dont le sommet était souligné par un trait rouge, unique source lumineuse à des milliers de kilomètres à la ronde. Puis, alors que l'île se réduisait peu à peu à la dimension d'une maquette, une formidable gerbe de feu jaillit du cratère, embrasant la nuit. L'Atlantide fut prise de hoquet ; les flèches des tours, qui émergeaient de la couche de cendre fumante, se brisèrent net et sombrèrent. Enfin, l'île s'ouvrit en deux, libérant un fleuve de lave incandescente monté des fonds marins. Un panache vaporeux se forma aussitôt, soustrayant l'île au regard des uniques survivants du cataclysme.

Quand la vapeur se dégagea enfin, balayée par le vent, l'Atlantide avait disparu, engloutie en totalité.

Planète Mars, année 2099 après J.-C.

Le vaisseau terrien avait parcouru la moitié de la distance séparant Mars de la Terre, quand Lor annonça à son camarade que les préparatifs du départ étaient achevés. Ils se trouvaient à nouveau sur le flanc de l'Olympus, encombrés de leurs combinaisons à trois pattes, occupés à vérifier le travail des robots. Les tunnels percés par les petites machines ressemblaient à des terriers ; on s'attendait presque à en voir jaillir une bestiole à fourrure, une espèce de lapin martien...

– Bon, fit Jin. Quelle est la suite du programme ?

La voix de Lor crépita dans les écouteurs de la combinaison :

– Je vais déclencher une série d'explosions, de faible importance. Juste de quoi remuer un peu les entrailles du volcan. Ça devrait suffire à enclencher le processus éruptif.

« Cette fois, au moins, il n'y aura pas de victimes innocentes », songea Jin.

Ils prirent soin de débarrasser leur base de toute trace d'occupation, embarquant dans les soutes le mobilier et les appareils conçus par les robots pour leur confort. Puis, après une dernière vérification, ils gagnèrent le lac de lave solidifiée qui tapissait le fond du cratère de l'Olympus. Le vaisseau semblait minuscule, perdu dans cette immensité immobile ; un faisceau de câbles entrelacés pendait sous le ventre de la coque, s'échappait ensuite dans une fissure artificielle, pour rejoindre la multitude de capteurs souterrains. Tout était paré pour le grand départ.

– Tu sais, dit Jin, je m'étais habitué à cette fichue poussière rouge.

– Oui, moi aussi. Mais les meilleures choses ont une fin. Et la galaxie regorge de systèmes solaires et de planètes tranquilles. On peut bien laisser Mars aux humains. Déjà qu'on les a frustrés avec l'Atlantide… On ne va pas leur voler tous leurs rêves !

Jin acquiesça. Lor appuya sur le bouton de mise à feu des bombes. Ils ne ressentirent pas la moindre vibration, car les explosions eurent lieu quinze kilomètres sous leurs pieds. Néanmoins, les instruments signalèrent une profonde altération dans la structure de la planète. Traduisant les indications fournies par les écrans de contrôle, Lor commenta :

– Les parois de la chambre magmatique se sont fissurées. À l'heure qu'il est, des millions de tonnes de roche en fusion se déversent dans les failles et remontent jusqu'à nous. Jusqu'à présent, la masse de l'Olympus suffisait à contenir la pression. Mais on a fait sauter le bouchon de la bouteille, après l'avoir bien secouée ! Comme avec la bière atlante…

Jin se souvint des soirées arrosées en compagnie de leurs hôtes insulaires. L'image était explicite : le liquide gazeux, une fois agité, fusait en crépitant des bouteilles qu'on sabrait d'un coup de lame. Sauf qu'en guise de bière fraîche, c'était un liquide incandescent, tenu au chaud dans le four colossal du cœur de la planète, qui allait jaillir.

Comme pour confirmer cette image, un grondement lointain envahit l'habitacle du vaisseau.

– Branche les caméras externes, ordonna Lor.

Jin obéit. Les écrans révélèrent le miroir sombre du lac de lave, brillant légèrement dans le fond du cratère. D'abord, rien ne se produisit. Le grondement monta peu à peu en intensité, puis le sol se mit à trembloter, comme si une vague de parasites balayait les retransmissions.

– Ça marche, fit Lor, désignant les jauges des batteries, qui s'éclairaient progressivement, à mesure que l'énergie dégorgée par l'Olympus affluait. On va pouvoir bientôt décoller.

– Il vaudrait mieux, prévint Jin, sans quitter les écrans des yeux. Regarde.

Des lézardes se formaient à la surface du lac, pareille à une toile d'araignée en train de se dessiner à vitesse accélérée. Les tremblements redoublèrent. Des pans entiers de lave, désolidarisés du sol, basculèrent et s'enfoncèrent dans les profondeurs. Cela dura une ou deux minutes, durant lesquelles les voyageurs retinrent leur souffle. Et puis le magma fit son apparition…

Ce fut d'abord une lueur orangée, comme une

aube en miniature, dans le lointain. Une lumière rouge sang, qui éclaira le décor d'apocalypse en pleine démolition. Toute la plaine, furieusement cahotée, s'embrasa au moment où les premiers geysers de lave grimpèrent dans le ciel, en des milliers de gerbes enflammées. Le fracas atteignait les limites du supportable, alors que la plaine ressemblait à l'échine d'un monstre qui faisait le dos rond et se secouait au réveil.

L'Olympus Mons revenait à la vie. Son ventre bouillonnant vomissait des océans de feu. La crête du cratère s'affaissait sur elle-même, rongée à la base par l'acide brûlant du magma. Des avalanches susceptibles d'ensevelir des villes entières dévalaient les flancs de la montagne géante. Celle-ci se dilatait sous la pression des gaz, tel le plus démentiel soufflé cosmique jamais cuit dans tout l'univers !

– On s'arrache ! hurla Lor, abaissant la manette de décollage.

Le vaisseau effectua un bond en l'air avec un sifflement de reconnaissance, mêlé au tonnerre du cataclysme qui ravageait le décor martien. Il avait à peine atteint une altitude suffisante pour se trouver hors de danger qu'une nouvelle et formidable secousse ébroua le volcan. Envoûtés, Lor et Jin observèrent le phénomène : les parois de la montagne se détachèrent par plaques de plusieurs kilomètres carrés qui se mirent à glisser en direction de la plaine, emportant tout sur leur passage, avec dans leur sillage un nuage de poussière et de feu qui envahit peu à peu l'horizon.

Avant de disparaître complètement sous la nuée, le volcan eut encore un hoquet de rage, crachant haut dans le ciel une colonne flamboyante qui s'abattit en une pluie d'étincelles et de scories[2] écarlate dans le désert environnant, ultime don effectué par l'Olympus Mons à ses deux premiers visiteurs.

Mais certainement pas les derniers[3].

Extrait du rapport du commandant de l'Arche stellaire* La Conquérante, *547e jour de voyage :

« Avons constaté soudaine activité sismique à 23° sud de la zone d'installation de la colonie (région de l'Olympus Mons), accompagnée d'un fort dégagement d'énergie et de l'expulsion hors influence orbitale de matériaux divers (dont un objet de grosse taille, certainement un bloc de roc de plusieurs tonnes, ensuite désagrégé, car nous avons perdu sa trace). Prévenons autorités terriennes pour connaître la marche à suivre. Espérons que cela ne compromettra pas

2. Fragments de lave poreux.

3. L'Olympus Mons a rejeté de la lave, mais aussi des gaz et de la vapeur d'eau en entrant en éruption. Ces éléments naturels vont permettre de rendre la vie possible sur la planète Mars.

notre mission ; La Conquérante *représente le seul espoir de l'espèce humaine, maintenant que les catastrophes naturelles assaillent la Terre sans répit. Sur Mars, nous devrons modifier notre comportement, réveiller la vie qui sommeille dans le sable et le sous-sol, et apprendre à nos descendants à la respecter.* »

Dompteur de volcan

de Pascale Védère d'Auria
illustré par Dominique Rousseau

- 1 -

« Mesdames et messieurs, nous approchons de San José. Veuillez redresser votre siège et votre tablette et accrocher votre ceinture. Atterrissage prévu dans une quinzaine de minutes. Nous espérons que vous avez effectué un bon voyage. Merci d'avoir choisi notre compagnie. Nous vous souhaitons un agréable séjour. »

Le cœur de Tommy se resserre. Un agréable séjour ? Il y compte bien ! Il attache sa ceinture et jette un œil à sa montre. Vingt heures. Avec un peu de chance et si les formalités de douane ne posent pas trop de problèmes, il sera à Pueblo Nuevo aux alentours de minuit. Il ira tout de suite se coucher. Une longue journée l'attend demain et pas question de paresser au lit : il mettra le cap sur le sommet *via* la forêt tropicale, dès les premières lueurs du jour. Dommage que l'avion n'ait pas survolé le mont Arenal. De toute façon, il va bientôt le revoir. Tommy est tellement excité à l'idée de refaire l'ascension de son sommet, de crapahuter sur ses flancs, de se rendre compte par lui-même de l'incroyable nouvelle !

Car depuis ce matin, tout est allé si vite...

À neuf heures, en cette matinée caniculaire de juillet, la dépêche tombait au journal télévisé : des secousses venaient d'être ressenties par les habitants des villages situés dans la région de l'Arenal, une montagne du nord du Costa Rica. Une équipe de scientifiques se rendait sur place pour étudier le phénomène.

Ainsi, l'Arenal n'était peut-être pas seulement un banal accident de terrain, un quelconque morceau de roche situé en altitude ? Mais rien ne permettait pour l'instant d'en savoir davantage.

Tommy était en train de prendre son petit déjeuner, un manuel de géophysique posé à côté de sa tasse de café. Il passait son examen d'admission en seconde année de géologie au mois de septembre prochain et il ne voulait surtout pas le rater. Brusquement, il dressa l'oreille. L'Arenal ? L'année dernière, durant les vacances d'été, il avait passé un mois entier à Pueblo Nuevo, un village situé sur le versant ouest de la montagne. Économiquement, il avait trouvé la formule idéale : le séjour chez l'habitant. À la fois sympathique et incontestablement peu onéreux pour un étudiant dans son cas, plutôt sans le sou. Il venait alors de réussir le concours d'entrée à l'École supérieure de géologie. Trois ans d'études puis il pourrait se spécialiser en volcanologie. Il avait hâte. Il en rêvait depuis tellement longtemps ! À dix ans, il avait lu un récit sur l'éruption de la montagne Pelée en 1902. Vingt-neuf mille morts ! Une épouvantable catastrophe… C'est sans doute à partir de ce moment-là qu'il s'était promis d'étudier un jour les phénomènes volcaniques. Dix ans plus tard son projet demeurait inchangé.

– Monsieur ! Vous oubliez votre sac à dos !

L'hôtesse de l'air l'interpelle juste avant sa descente de l'appareil. Où a-t-il la tête ? Dans les brumes de l'Arenal, certainement.

L'Arenal, une montagne… Il rit intérieurement.

Il y a un an, il en doutait déjà. Il se serait même plutôt rangé du côté des quelques scientifiques qui avançaient une idée dont beaucoup se gaussaient : l'Arenal était peut-être un volcan. Lui-même avait vu des colonnes de fumée s'en échapper… Très intrigué, il s'était posé la question : phénomène d'évaporation ou dégagement gazeux ? Si le premier cas n'avait rien d'extraordinaire, le second en revanche apportait la preuve irréfutable d'une activité de type volcanique. Puis une balade jusqu'à son sommet avait renforcé ses doutes : la cime de l'Arenal rappelait étrangement le cratère d'un volcan...

Alors que cachait réellement la montagne dans ses entrailles ? Vulgaire roche ou magma en fusion ? Aujourd'hui, 27 juillet 1968, la question était plus que jamais d'actualité et sitôt son petit déjeuner ingurgité, Tommy avait pris la décision de se rendre sur place. L'Arenal allait peut-être enfin révéler au monde sa véritable nature ! Le suspense était grand et le vivre à distance, trop insatisfaisant. Quant à l'éventualité d'assister en direct au réveil d'un volcan... Il y avait peu de chances pour que cela se produise mais, au fond, le jeune homme en rêvait.

Grâce à son oncle qui travaillait à l'aéroport, il avait pu obtenir une place assez facilement dans le premier avion en partance pour le Costa Rica. Los Angeles-San José en à peine plus de sept heures de vol et sans escale, c'était une chance inespérée qu'il avait immédiatement saisie. Pas besoin de s'encombrer de valise. Un sac à dos ferait amplement l'affaire. Le temps de téléphoner à ses parents pour les prévenir que finalement, le week-end prochain, il ne les rejoindrait pas en Floride, il grimpait déjà dans un taxi.

Un temps maussade et moite l'accueille sur le trottoir de San José. C'est la saison des pluies. La nuit tombe vite sous les tropiques et il fait sombre dans les rues mal éclairées de la capitale. « Costa Rica pura vida[1] » commente un tag barbouillé à la hâte sur le rideau de fer d'une boutique.

En 1502, lorsque Christophe Colomb débarqua sur ce bout de terre d'Amérique centrale, les hommes de son équipage le trouvèrent si beau, qu'ils décidèrent aussitôt de le baptiser « Costa Rica » : la Côte Riche. Le choix se révélait judicieux certes car le pays était véritablement magnifique, mais Tommy n'aimait guère San José, sa capitale, avec ses quartiers passablement délabrés qui lui prêtaient souvent des allures de bidonville.

L'avenue, sur laquelle vient de le déposer l'espèce de véhicule qui sert de navette entre l'aéroport et le centre-ville, s'appelle l'« Avenida de la Liberta ». « L'avenue de la Liberté »... Beau nom pour un début de voyage qui sent bon l'aventure. Tommy cherche du regard un taxi. Pueblo Nuevo est peut-être à cent cinquante kilomètres de la capitale. À moins qu'il ne retrouve le vieil autocar de l'an dernier qui assure la liaison jusque là-bas ? Une voiture passe à tombeau ouvert dans une flaque d'eau de la taille d'une mare, l'inondant de la tête aux pieds.

– Hé ! Ça va pas non ?

Il soupire. Pourtant, il se sent très heureux.

1. « Au Costa Rica, on s'y sent bien », en espagnol. L'espagnol est la langue officielle du Costa Rica.

Vivement la forêt tropicale ! L'immense toile de la néphile[2] qui vous garde prisonnier entre ses fils, le singe hurleur qui braille à vous en déchirer les tympans, le boa constricteur qui vous enserre dans ses anneaux… Il sourit en repensant à ses premières nuits de l'an dernier à la même époque : pleines de cauchemars. Pas évident de débarquer en pleine forêt tropicale pour la première fois de sa vie quand on est habitué à son petit confort urbain.

Le chauffard de tout à l'heure fait demi-tour et revient vers lui. Puis il lui baragouine quelque chose par sa vitre baissée. Il propose peut-être ses services ? À tout hasard, Tommy répond :

– Je vais à Pueblo Nuevo.

Aussitôt, l'autre lui fait signe de monter. L'étudiant hésite un peu. Bah ! Que risque-t-il en réalité ? Finalement, il s'engouffre à l'intérieur du véhicule. Ce Costaricain n'a pas du tout l'air d'un assassin. Tout au plus cherche-t-il à gagner un peu d'argent en s'improvisant chauffeur de taxi… Le jeune géologue se rencogne dans la banquette arrière dont les ressorts lui massent douloureusement le postérieur. Allez ! En route pour l'Arenal !

2. Araignée tropicale dont la toile extrêmement solide peut mesurer jusqu'à un mètre de diamètre.

- 2 -

Depuis ce matin, il pleut à seaux sur la forêt qui entoure le mont Arenal. La météo de la nuit n'a pas été meilleure et si Tommy n'a guère dormi, cette fois, c'est à cause du bruit étourdissant de la pluie contre le toit de tôle ondulée de son gîte. Tant pis ! Il n'est pas venu au Costa Rica pour faire une cure de sommeil.

À présent, l'étudiant foule, non sans plaisir, les plantes dégoulinantes d'eau. Le niveau d'humidité est élevé et les brumes nombreuses, sans parler de la luxuriance de la végétation qui dissimule tout. Se perdre là-dedans n'aurait rien d'étonnant. C'est à peine si jusqu'ici il a aperçu le sommet de l'Arenal. Or, depuis ce matin, la « drôle de montagne » n'a pas l'air près de se calmer… Par moments, le sous-bois vibre d'une manière inhabituelle. Tommy réfléchit. L'hypothèse d'une éruption se confirmerait-elle ? Il n'ose y croire. En fait, un curieux mélange de sentiments commence à naître en lui et l'éventualité de l'événement le ravit tout autant qu'elle l'inquiète. Il connaît en théorie les éruptions volcaniques et leurs différentes phases d'évolution ; il sait aussi qu'il en existe plusieurs types. Mais, en pratique, il n'a aucune expérience… Bon ! Il ne doit pas dramatiser non plus ! Il n'ignore pas que les éruptions ne sont pas toutes forcément funestes. Simplement, il doit faire preuve d'une très grande prudence et observer, avec une attention sans relâche, les moindres changements dans le comportement de l'Arenal. Il se le promet. Il n'est pas fou. Quand il sera volcanologue, il se permettra des expériences à risque mais pour l'heure, il n'est encore qu'un amateur et il restera au poste de simple observateur.

Sur ces bonnes résolutions, il poursuit sa route en marchant d'un bon pas. Autour de lui, les gouttes de pluie font un bruit étourdissant sur les feuilles des palmiers. Par endroits, lorsque la végétation devient moins dense, elles glissent sur sa casquette, le long de son ciré avant de dégringoler sur ses grosses chaussures dont le tissu pourtant épais commence à être détrempé. Il n'allait tout de même pas encombrer son sac d'une paire de bottes en plastique ! Il fera sécher ses chaussettes entre deux averses, si c'est possible. Les préoccupations vestimentaires sont loin de le tracasser. Mais que penser du grand calme qui règne tout autour ? Une forêt tropicale sans cris laisse une impression absolument… déroutante. La faute à l'Arenal ? Les habitants des régions volcaniques font toujours allusion au comportement inhabituel des animaux en cas d'éruption imminente, à leur fuite désespérée, à leur mutisme soudain… En règle générale, Tommy préfère privilégier les voies scientifiques. Et s'il y avait du vrai dans les témoignages des populations ?

Il s'apprête à sortir de l'épais feuillage des arbres pour gagner la berge d'une rivière, quand soudain son sang se fige dans ses veines. À quelques mètres de lui se tient un magnifique jaguar. S'il ne trouve pas immédiatement un abri où se réfugier, il court un grand danger ! Le jeune géologue ne fait ni une ni deux et plonge entre les fourrés. Puis il risque un œil à travers l'enchevêtrement des branchages ; c'est à peine s'il ose respirer. Son aventure avec l'Arenal commence par une rencontre avec le plus grand félin d'Amérique ! Il n'en croit pas ses yeux. Certes, il savait l'animal diurne… De là à s'y casser le nez dessus ou presque ! Quelle bête ! Impressionnante. Absolument superbe dans sa robe tachetée. Quelle puissance dans ses pattes, quelle indolence dans son allure !

Mais le fauve esquisse des mouvements désordonnés sur le côté, d'avant en arrière et inversement. Quelque chose le tracasse. Serait-il blessé ? Puis il baisse la tête et la frotte contre une masse sombre qu'il se met à lécher doucement. Peut-être le fruit de sa chasse ?… Tommy a du mal à comprendre : des branches font écran et lui masquent une partie de la scène. Il se redresse alors sans bruit et découvre un second jaguar, plus grand que le premier, allongé sur le flanc, inerte. Mort ? Le jeune homme arrache la paire de jumelles de son sac. Il les règle sur l'animal à terre et ce qu'il découvre le révolte au plus haut point : il a été abattu de plusieurs coups de fusil. En témoignent des impacts de balle sur son front. Sa tête est renversée et déjà des centaines de fourmis partent à l'assaut de tous ses orifices. Vu le comportement du plus petit à son égard, il s'agit vraisemblablement de la mère. Que s'est-il passé ? Tommy oriente les lunettes vers les alentours quand soudain son regard croise le canon d'un fusil qui sort lentement d'un rideau de lianes entrelacées. Sans réfléchir une seconde, le garçon bondit hors de sa cachette. Affolé, le jaguar détale aussitôt en direction de la forêt.

– Arrêtez ça ! s'écrie Tommy.

L'idée qu'on puisse le prendre pour cible à son tour ne l'a même pas effleuré. En revanche que l'on abatte la bête pour faire un commerce de sa peau lui est insupportable. Furieux, deux chasseurs surgissent de leur poste d'observation et commencent à hurler. Sans doute une bordée d'insultes. Ils tendent même le poing d'un air rageur. Tommy, lui, essaie de garder son calme quand brusquement une détonation retentit du côté du sommet de l'Arenal, suivie d'une importante secousse qui les fait tous sursauter.

« Nouveau signe précurseur du réveil d'un volcan, songe le jeune géologue tandis que son cœur cogne dans sa poitrine. Le magma est en train de s'agiter dans le manteau terrestre… »

Les chasseurs, eux, ont préféré prendre le large. Si de ce côté-ci la situation s'est nettement améliorée, du côté de l'Arenal en revanche la menace pèse de plus en plus…

Mais Tommy préfère penser à la bonne action qu'il vient d'accomplir en s'opposant à l'imbécillité des hommes. Sauver l'animal lui a valu d'être ensuite sauvé à son tour par l'Arenal. Échange de bons services en somme. Le jeune homme s'interdit toute pensée pessimiste qui l'inciterait à rebrousser chemin et il se remet en route sur-le-champ en remerciant secrètement la nature.

Lorsqu'il aura traversé la rivière, il commencera véritablement la montée de l'Arenal. Il se souvient d'une pente plutôt douce – le sommet n'est qu'à 1 633 mètres – et de quelques sentiers forestiers qui mènent tous plus ou moins vers le point culminant.

Il s'immerge dans la rivière jusqu'à la ceinture. Le courant est très fort. Il progresse alors prudemment s'assurant qu'aucune des pierres sur lesquelles il pose le pied ne l'entraînera vers le fond. Finalement, il atteint l'autre côté sans trop de difficultés.

Puis il s'enfonce de nouveau dans le bois.

- 3 -

L'après-midi tire à sa fin. Tommy avance machinalement. C'est à peine s'il trouve encore la force de lever les pieds. Il marche depuis si longtemps… Ses vêtements mouillés collent à sa peau et ses chaussures remplies d'eau font des bruits de lavabo qui se vide. A-t-il faim ? A-t-il soif ? À dire vrai, il ne sait plus. Pourvu qu'il se repose un moment, même bref, quelque part, n'importe où.

Il se laisse choir près d'un rocher.

Où est l'Arenal exactement ? Il y a une heure, il l'a aperçu entre les arbres. Il projetait vers le ciel des panaches de fumée de plus en plus sombres, à tel point que bientôt tout son sommet serait plongé dans une obscurité totale. Tommy avait malgré tout décidé de continuer. Il approchait forcément !

Il se demande à présent s'il n'a pas plutôt erré.

En fait, à cause des fortes pluies qui ont raviné tous les sentiers existants, il a du mal à s'orienter. Il avance donc au hasard. Quant à la boussole dont il s'était muni, il l'a perdue, sans doute tout à l'heure en sortant sa paire de jumelles de son sac... S'il avait fait beau, il se serait guidé avec le soleil. Méthode assez imprécise, mais c'eût été mieux que rien. Or avec la présence permanente des gros cumulonimbus au-dessus de sa tête, il pouvait oublier tout de suite cette possibilité.

Le jeune homme est totalement perdu. Il ferait mieux de se l'avouer...

Il lève les yeux et étire le cou. Mais il va le retrouver, l'Arenal, foi de Tommy !

S'il ne le voit pas, en tout cas, il le sent : le sol s'agite fréquemment sous ses pieds. Et il l'entend ! Plus ou moins fort, mais il grognasse désormais en permanence. Et cette pluie qui n'arrête pas de tomber... L'épais feuillage des arbres parvient tout juste à l'abriter. Et s'il montait sa tente ? Histoire de se mettre un peu au sec, de grignoter une barre de céréales au chocolat et de s'allonger enfin. La nuit est presque là, il pourrait ainsi patienter jusqu'au lever du jour. En espérant que le bouillonnant volcan n'entrera pas trop vite dans une nouvelle phase ! Inutile de songer à dormir.

En quelques minutes, la canadienne est installée. Il se glisse dessous, enlève ses chaussures et s'enferme dans le sac de couchage. Pas le grand confort, mais à côté de ce qu'il vient de vivre, ça y ressemble furieusement. Il arrache la barre chocolatée de son emballage, la dévore à pleines dents et se met à rêvasser, béat. Rien de tel qu'une friandise pour vous remettre du baume au cœur.

Il repense au jaguar, à son comportement désemparé face au cadavre de sa mère. Quelle leçon de dignité l'animal avait-il donnée aux hommes qui le tenaient en joue ! Assurément, ils ne l'avaient pas perçue, mais Tommy, lui, en avait été bouleversé. Pas une plainte, pas un mouvement de révolte. Rien. Uniquement une série de coups de langue affectueux sur le corps de l'animal abattu. Un adieu simple et essentiel.

Progressivement, le jeune homme se sent gagné par une irrépressible envie de dormir. Pourtant, il ne veut pas s'assoupir : le volcan risque de se déchaîner d'un moment à l'autre ! Il lutte tant qu'il peut mais finit malgré tout par sombrer dans un sommeil agité, soumis au rythme de l'Arenal. Puis un grondement particulièrement violent le réveille tout à fait. Il jette un œil à sa montre. Sept heures trente déjà ! En tout cas, son somme l'a sensiblement revigoré car il se sent en meilleure forme que la veille.

Quel type d'éruption se prépare ? Explosive avec une montée de gaz et une expulsion brutale du bouchon de lave ? Effusive avec de petites explosions et un épanchement de magma sous forme de coulées ? Ou alternativement l'une et l'autre ?

Tout à coup, comme pour répondre à ses interrogations, une très forte détonation retentit.

Tommy évalue l'amplitude du séisme entre sept et huit[3]. Sous le coup de la surprise, il a émis un sifflement. Admiratif ou nerveux ? Il imagine les différentes ondes sismiques qui se propagent sous la croûte terrestre. Il semblerait que cette fois le volcan soit vraiment au bord de l'éruption… Subitement, il sent une boule naître au fond de sa gorge. Une peur indéfinissable, nouvelle. Pourtant c'est lui qui a voulu venir jusqu'ici ! Personne ne l'a poussé à faire ce voyage ! Et s'il s'était trompé ?

Mais tandis que mille questions l'assaillent, un gros bloc rocheux vient brusquement s'écraser contre la partie avant du toit de la canadienne, déchirant la toile en deux. Une vingtaine de centimètres plus loin et il le recevait en pleine tête. Il faut qu'il sorte d'ici sous peine de mourir broyé : le prochain jet pourrait lui être fatal !

Il s'extirpe comme il peut vers l'extérieur. Ses chaussures ! Son sac à dos ! Sa lampe de poche ! Il les ramasse au passage.

Puis il détale, son sac au-dessus de sa tête pour

3. Les scientifiques classent les tremblements de terre en fonction de leur force selon une échelle graduée de 1 à 9, appelée « échelle de Richter ».

se protéger de la pluie de pierres qui s'abat impitoyablement tout autour.

Le jeune géologue comprend parfaitement ce qui est en train de se passer : le volcan expulse toutes sortes de projectiles, des cendres, des blocs de lave petits ou grands, certains pouvant même atteindre la colossale taille de deux mètres !

Il doit trouver un refuge sûr. C'est son unique obsession et il court à perdre haleine. Il en a presque oublié sa peur. Du regard, il balaie les moindres recoins du sous-bois. Les abris feuillus ne manquent pas. Hélas, il faut dénicher quelque chose de plus costaud.

Enfin, il découvre un arbre gigantesque comme seule la forêt tropicale est capable d'en offrir et un soupir de soulagement s'échappe de sa poitrine : le tronc présente un trou, une ouverture béante dans laquelle il pourra se faufiler aisément. Et, vu le diamètre de l'arbre, il y sera même au large.

Mais tandis qu'il s'y engouffre, un étrange bruit s'élève à l'intérieur, comme si quelqu'un venait de se pousser bruyamment sur le côté. Il allume sa lampe et simultanément un frisson d'épouvante le parcourt tout entier : il n'est pas seul. Quelqu'un d'autre a eu la même idée que lui... Le jaguar de la veille !

- 4 -

Tommy est pétrifié. C'est à peine s'il ose respirer. Lui, qui était venu au Costa Rica pour observer le phénomène volcanique, vient de se réfugier dans un arbre avec un jaguar. Situation de folie pure ! Et dire que pas plus tard qu'hier, il lui a sauvé la vie. Il ne manquerait plus qu'il soit mis en charpie entre ses griffes puissantes...

Par mesure de précaution, le garçon a aussitôt éteint sa lampe : inutile d'exciter l'animal qui semble plutôt pacifique pour l'instant.

Il fait très sombre à l'intérieur du tronc. Tommy décide de prendre son mal en patience et s'accroupit, le derrière posé sur ses talons.

Puis les heures s'égrènent lentement au rythme du mugissement des entrailles du volcan et des secousses telluriques. Les blocs de lave continuent de s'abattre çà et là et l'on entend parfois le craquement sinistre d'une branche cassée net par la violence d'un impact. Le jaguar se tient dans un coin, immobile ; Tommy dans l'autre. Lorsque le garçon a fait irruption dans l'arbre, c'est à peine si l'animal a eu un regard pour lui. Tout juste s'il n'a pas tourné la tête de l'autre côté. Indifférence ou méfiance ? Tommy, lui, était livide de terreur. Mais au fond qui a le plus peur de l'autre ?

Le garçon est plongé dans ses pensées. Le volcan. La bête. Natures indomptées tous deux. Indomptables à jamais ? Il imagine le bouillonnement du magma à l'intérieur de la chambre, sa montée le long de la cheminée. À quand les probables effusions de lave ? Puis il essaie de se représenter ce qui se passe dans la tête du jaguar. L'éruption de l'Arenal le terrorise forcément. Au lieu de le laisser paraître, il attend, soumis. Tommy est épaté. Après tout, y a-t-il autre chose à faire ? Que peut l'homme face au déferlement de la nature ?

Un coati[4] passe le bout de son museau par l'ouverture du tronc puis, reniflant l'odeur du fauve, se carapate sur-le-champ. Le jeune homme retourne à ses cogitations.

Par désespoir, Empédocle[5] s'était jeté dans l'Etna tant ses recherches sur le volcan s'étaient révélées

---

4. Carnassier vivant en Amérique centrale et Amérique du Sud.
5. Philosophe grec du Ve siècle avant J.-C. qui s'était fait construire un observatoire sur l'Etna.

vaines. Pline l'Ancien[6] avait péri en portant secours aux habitants de Pompéi... Comment, en 1968, Tommy, étudiant américain en géologie, va-t-il s'en sortir ? Coincé dans un tronc d'arbre avec, pour tout compagnon d'infortune, un jaguar...

Dehors, indifférent à la terreur qu'il sème sur ses flancs, le volcan continue de vomir ses redoutables projectiles.

Le jeune géologue s'est blotti contre l'écorce. Recroquevillé sur lui-même, il sent parfois ses yeux se refermer malgré lui. À quoi rêve le jaguar ? Véritable statue de marbre, il somnole aussi, à sa façon. Tout à l'heure, il s'est allongé. Tommy a perçu le relâchement de son corps contre le sol. Parfois, trop oppressé par la journée qui n'en finit plus, le garçon laisse échapper un imperceptible soupir ; le jaguar émet de son côté un feulement léger. Pris de crampes par moments, l'un remue discrètement ses membres ; l'autre s'étire vaguement. Puis l'estomac du premier gargouille et c'est ensuite au tour de celui du second de se manifester. Dans un coin se tient l'homme, dans l'autre l'animal. Ne sont-ils pas tous les deux démunis et unis dans la même galère, égaux finalement ? Bien sûr, Tommy craint le fauve. Pourtant, il ne peut s'empêcher d'éprouver pour lui un intérêt certain et, pourquoi ne pas l'admettre, un réel début d'af-

6. Écrivain latin du Ier siècle après J.-C., mort lors de l'éruption du Vésuve en 79.

fection. C'est bien la première fois de sa vie que sa rencontre avec une bête dite « sauvage » l'invite à un questionnement quasi philosophique. Il se sent si petit en ce moment, si ridiculement misérable contre l'arrogante puissance d'une nature déchaînée qui reprend ses droits.

Brusquement, le jaguar se redresse. La panique regagne d'un coup le garçon. Le volcan amorcerait-il une nouvelle phase de son éruption ? La pluie de pierres a cessé. L'animal réagit toujours à l'instinct, jamais par déduction... Tommy en conclut que si le fauve vient de pressentir l'imminence d'un danger, mieux vaut lui faire confiance et le suivre.

L'un derrière l'autre, l'homme derrière la bête, ils s'apprêtent à quitter l'abri lorsqu'une odeur âcre saisit Tommy à la gorge. Il suffoque et s'écroule terrassé. Le jaguar vacille à son tour. Ses pattes l'abandonnent et il s'affaisse lourdement sur le sol ; il se traîne malgré tout sur le ventre en direction de la sortie. Le garçon rampe péniblement derrière lui.

« Il faut lui faire confiance », se répète-t-il malgré l'étreinte qui enserre sa poitrine.

Un voile opaque a recouvert la forêt et il fait presque nuit à présent. Tommy en saisit immédiatement la raison. Si le jaguar possède l'instinct, lui a la science. L'obscurité est en réalité due à l'émission d'une nuée ardente, ce nuage de cendres chargé de gaz toxiques, extrêmement chaud, incandescent et qui peut dévaler les pentes jusqu'à 500 km/h, dévastant tout sur son passage : hommes, bêtes, forêt. Ce type de manifestation est hautement meurtrier et l'issue presque toujours fatale pour qui le subit...

Pourtant, le jaguar continue sa reptation. Immédiatement derrière, presque collé à lui, Tommy suit. S'ils ne trouvent pas un endroit où se réfugier, relativement imperméable à l'air empoisonné, ils mourront asphyxiés.

Ils s'enfoncent dans le sol détrempé par la pluie, boueux par endroits, visqueux à d'autres. Un véritable parcours du combattant pour GI[7]. Un singe vient s'écraser entre les épaules du fauve qui, d'une forte secousse, l'envoie rouler sur le côté. Le primate fait une ultime pirouette avant de se retrouver sur le dos et de lancer vers le ciel d'encre un regard vitreux. Tommy passe à côté du cadavre sans le moindre état d'âme, préoccupé uniquement de sa propre survie. L'heure n'est pas aux apitoiements et il se traîne sous les plantes, en quête du moindre recoin susceptible de lui fournir un minimum d'espace respirable. Il est à deux doigts de l'évanouissement. Il lutte. Pourtant il sent qu'il va mourir. Il entrouvre les lèvres pour pousser un dernier râle lorsque le jaguar se laisse tomber dans un trou dissimulé sous un amas de branches feuillues. Tommy plonge avec lui.

7. Soldats de l'armée américaine.

- 5 -

Le garçon et l'animal viennent de s'engager dans une véritable grotte creusée sous terre à même la roche. Toute une végétation étagée s'est installée le long des parois et il est relativement aisé d'en atteindre le fond grâce à une alternance de racines et de pierres dont la disposition en degrés rappelle celle d'un escalier. Ici, l'épaisse frondaison des fourrés maintient un air plus respirable qu'en surface.

Le jaguar amorce la descente sans trop de difficultés, sa souplesse naturelle reprenant vite le dessus. Mais plus sérieusement commotionné, Tommy, qui n'a plus aucune maîtrise de son corps, part en roulé-boulé s'emmêler dans les pattes du fauve et ils dégringolent tous deux vers le fond, membres entrelacés, homme et animal dans une même étreinte. L'arrivée sur le sol est relativement brutale. Puis très vite chacun bondit de son côté, le premier sur ses jambes le second sur ses pattes, prenant grand soin de rétablir entre eux une distance convenable, la même que celle dans l'arbre quelques minutes plus tôt.

Hier, l'un mettait les chasseurs en fuite, aujourd'hui l'autre dévoile l'existence providentielle d'une grotte. En somme, ils se sont sauvés la vie mutuellement. De là à être scotchés ensemble, hanche contre flanc jusqu'à la fin de l'éruption… Chacun reste à sa place, selon l'ordre des choses, voilà tout.

Tommy remplit prudemment ses poumons d'air, à petites goulées. Quel bonheur de retrouver un semblant d'aisance ! Il s'habitue progressivement à la pénombre.

Un nouveau doute l'envahit tout à coup. Il lève les yeux et inspecte les parois rocheuses, à l'affût d'éventuelles lézardes. Vu les secousses telluriques qui ont été ressenties sur les flancs de la montagne, il ne serait pas étonnant que la caverne en ait été fragilisée. Pourtant, malgré le peu de clarté environnante, le garçon note avec soulagement l'absence apparente de danger : *a priori*, l'endroit ne présente aucun signe d'effondrement prochain. De son côté, le jaguar paraît se ragaillardir : très vite, il se replace sur son arrière-train, stoïque, le regard posé droit devant, clignant imperceptiblement ses yeux irisés d'or.

L'attente reprend. Identique en tous points à la première.

Puis un rayon de lumière s'infiltre dans la caverne. Dehors, le nuage se dissipe sans doute. Tommy décide d'aller vérifier par lui-même.

Il jette un coup d'œil au jaguar. Cette fois, l'animal lui accorde un début d'attention. Le jeune homme entreprend donc d'escalader la paroi avec infiniment de calme : inutile d'éveiller la méfiance et les instincts de tueur de son compagnon et de risquer de perdre la vie bêtement.

Arrivé près de l'entrée, le garçon épie les environs à travers les feuillages : une pluie fine tombe désormais. L'Arenal lave ses plaies… Aussitôt, son impres-

sion première se confirme : le nuage de cendres s'est bel et bien dissipé et la visibilité s'en trouve améliorée. De l'endroit où il se trouve, il peut même observer aisément le cratère du volcan qui envoie vers le ciel quelques dernières fumées noirâtres.

Pourtant, un calme absolu continue de régner et le jaguar ne semble toujours pas décidé à quitter le refuge. Prudence donc et patience avant tout. Une fois de plus, Tommy décide de faire confiance à l'animal. Mais tandis qu'il se cherche un endroit à peu près confortable où s'asseoir et attendre, une explosion d'une violence inouïe retentit au-dessus de sa tête et un étroit filet rougeoyant s'échappe soudain du sommet du volcan. Une coulée de lave ! Elle se met à dévaler la partie ouest de la montagne, suivie d'une seconde plus importante puis d'une série d'autres.

Les chiffres se bousculent dans la tête du jeune homme. Un épanchement épais ne se déplace qu'à une vitesse de 4 km/h. Quand on sait que l'homme est capable de courir jusqu'à plus de 40 km/h, on a beaucoup de chance d'y échapper. Mais que dire d'une lave fluide qui se déverse sur les pentes d'un volcan à plus de 80 km/h ? Et celle qui bondit en ce moment sur les flancs de l'Arenal est précisément de ce type-ci…

Tommy sait que la lave jaillit de terre à une température de 1 100 °C ! Horrifié et fasciné à la fois, il assiste enfin au spectacle qu'il est venu chercher. Son corps est parcouru d'un long frisson. Les fleuves de feu dévastent tout sur leur passage, noyant impitoyablement faune et flore dans un même jeu de massacre. Les grondements sourds ont repris tandis que des jets multicolores de gaz et de lave en fusion jaillissent du sommet. Vision apocalyptique ou l'apocalypse elle-même ?

Soudain, un hurlement horrible monte de la vallée. Pueblo Nuevo ! Le village vient sûrement d'être englouti sous une coulée et les cris d'épouvante des villageois résonnent dans la forêt tout entière. Tommy est atterré. Il y a forcément des morts et, parmi eux, peut-être des gens qu'il a rencontrés à son arrivée dans les rues du village…

Brusquement, à moins d'un mètre de lui, il remarque une fumerolle s'échapper du sol… Il existe sous ses pieds une multitude de poches de magma prêtes à jaillir n'importe où, à s'infiltrer dans n'importe quelle fracture du manteau terrestre. Et si un nouveau cratère s'ouvrait là, subitement, tout juste à côté de lui ?

D'un coup il réalise qu'il en a vu assez ; il se surprend même à espérer que tout s'arrête très vite. Il sait qu'il revivra d'autres éruptions car comprendre le phénomène permettrait de sauver de nombreuses vies humaines et jamais il ne renoncera à son idée de faire avancer la recherche en volcanologie. Mais la prochaine fois, il prendra beaucoup plus de précautions !

Il retourne vers le jaguar. S'il a su amadouer l'animal, pourquoi un jour ne maîtriserait-il pas les volcans ? Il passe le restant de la journée près du fauve.

Dans le milieu de l'après-midi, les projections s'espacent et le brouhaha diminue d'intensité. Tommy comprend que l'éruption tire à sa fin : le niveau de magma s'est abaissé dans le cratère et le volume de lave rejeté est en régression. Seules quelques rares secousses de faible intensité continuent d'être ressenties. Dans les arbres, des oiseaux reprennent timidement leur chant, déjà deux ou trois singes se chamaillent et un crapaud se manifeste sporadiquement. La vie repart.

Le jaguar se relève doucement. C'est drôle... Tommy est presque tenté de le caresser. Il le regarde grimper puis traverser le mur de feuilles. À son tour, il sort. Il découvre dans le ciel un minuscule coin bleuté. Le fauve a disparu. Le garçon s'assied sur des racines d'arbres. Tout à l'heure, il redescendra vers la vallée. Désormais, il a tout son temps. Il reste là une heure, peut-être deux, à songer à tout et à rien : il se remet doucement. Il est tellement fatigué... Demain, il rejoindra ses parents en Floride. Il décide enfin de rentrer.

Mais au moment où le jeune homme se relève, le feuillage frémit derrière lui. Il se retourne vivement et son regard croise celui du jaguar. Son cœur bondit dans sa poitrine. Mais le fauve se retire aussi promptement qu'il était apparu. Dernier salut.

– Adieu l'ami, murmure Tommy.

Au fond de lui, il se sent tout à coup très heureux.

Épidémie de volcans

d'Emmanuel Viau
illustré par Patrick Deubelbeiss

- 1 -

Épidémie active de volcans sur l'île d'Holfastroem. Prolifération dangereuse, existence de l'île en question. Intervention requise dans les plus brefs délais.

Le message, arrivé par araignée porteuse dans la nuit, était clair. Plus exactement, le mot « intervention », souligné quatre fois, ne me laissait pas le choix ; je devais partir pour Holfastroem, toutes affaires cessantes.

Cette missive tombait à point nommé : j'avais besoin de voir un peu de pays, de respirer quelques bolées d'air pur. Elle arrivait au moment même où je devais prendre de la distance par rapport aux... affaires.

Certaines de mes activités les plus récentes (garde du corps de Rhôô le Dément, petite main pour la Ligue des Bourreaux et agent de sécurité à la Banque des nains de Peletz) me valaient en effet quelques dettes envers la justice et les familles des victimes de Rhôô.

Enfin, il fallait bien le dire, je n'avais plus une seule pièce d'or. Aussi le mandat de trois cents pièces arrivé en même temps que le message était-il le meilleur argument pour que je parte pour Holfastroem. Avant d'en finir avec l'araignée, je détachai soigneusement les trois petits sortilèges qu'elle transportait et les plaçai, sans les déplier, au fond de ma poche. Il était inutile de chercher à connaître leurs effets, je ne le saurais qu'une fois sur place, au moment même où j'en aurais besoin. Comme toujours. Enfin, normalement.

L'araignée eut beau me supplier, tous ces petits yeux papillonnant et implorant ma clémence, je l'écrasai sans remords. Après utilisation, il fallait éradiquer ces petites bêtes, ne pas leur laisser la moindre chance de révéler la teneur des messages d'importance.

Quitter Unzelem sans se faire repérer de mes nombreux ennemis fut déjà en soi un véritable défi : comment se fondre dans la foule, quand on mesure plus de deux mètres et qu'on a la peau grise ? Mais voilà, j'étais un urbain-né, et je possédais du sang elfe et gnome, au milieu de tout l'héritage génétique troll et géant que m'avaient légué mes ancêtres.

Chaque jour, je réalisais cet exploit : je survivais dans une ville d'humains, ces intolérants qui n'appréciaient guère le mélange des races.

Ce fut donc en toute fin de journée, qu'Héliocrux d'Argognac, troll de belle trogne, deux mètres et quelques de muscles et d'intelligence, petite main au service du plus offrant, émergea de sa ville natale : Unzelem, la grande cité de l'Est, creuset des populations magiques du continent pour un temps encore ! Le temps que les humains finissent de l'acheter pour la purger, l'assainir, le temps de finir de la mettre par terre, pierre par pierre, tête par tête, pour le simple plaisir d'y faire des affaires et d'y voir fructifier l'or.

« Je m'occuperai de vous un jour, humains ! » lâchai-je en tendant mon poing vers le palais royal tout en haut de la grande colline d'Unzelem.

Ma façon à moi de dire que je comptais bien revenir.

Si j'avais su alors la pagaille qui régnait à Holfastroem, j'aurais sans doute moins fait le fanfaron. Mais sur le moment, je me sentais comme toujours quasi invulnérable, en dehors de cette douleur lancinante dans les reins, qui ne me lâchait jamais et contre laquelle tous les massages du monde ne pouvaient rien faire.

La fin de l'été m'attendait, de l'autre côté des murs d'Unzelem : une terre sèche, rocailleuse, une végétation rabougrie, un paysage de collines écrasé par une sécheresse datant d'au moins deux saisons… Le tout recouvert de poussière qu'une brise chaude me balançait à la figure. Mes ancêtres elfes me soufflèrent que ces pins-chênes figés dans le soleil couchant était un spectacle magnifique.

Je haussai les épaules. Je n'aimais ni la campagne, ni le soleil qu'il soit couchant ou levant. Ma peau ne l'appréciait que caché derrière une bonne couche de nuages noirs ou gris.

Entamant une marche qui allait me prendre deux jours, vers le port d'Ondriatte, je me consolais en me disant qu'au moins, l'île d'Holfastroem étant située en plein nord, il y ferait au minimum frais, venteux et humide.

Une fois de plus, je me trompais complètement.

- 2 -

Les jours qui suivirent ne furent pas propices à la réflexion : mon mal de mer me fit passer les cinq journées de traversée la tête par-dessus bord. Il était pourtant nécessaire que j'effectue un point sur mes connaissances sur les volcans avant d'entamer mon enquête.

Trois vagues d'une mer déchaînée et un vol plané sur le pont plus tard, j'avais rassemblé tout mon savoir sur le sujet.

Un volcan, c'était un trou dans le sol par lequel s'évacuait la roche chaude venue du centre du monde. Voici pour l'explication humaine. Les nains, eux, voyaient dans le volcan une gigantesque forge, une usine à joyaux, un heureux présent de la nature, destiné à faire remonter des trésors à la surface de la Terre. Les elfes philosophes savaient que si la lave des volcans détruisait leurs précieuses forêts, c'était pour mieux les faire repousser par la suite, un mal nécessaire en somme. Les gnomes craignaient et fuyaient les volcans, bouches hideuses menant à des enfers peuplés de dieux immondes et pervers.

Pour la plupart des trolls, les volcans étaient une manifestation intéressante qui permettait de se réchauffer, de creuser à moindres frais des habitations confortables et enfin de faire des expériences culinaires extrêmement raffinées comme « le chevalier à la lave fraîche » ou « le héros à l'étouffée ».

Comment me situer parmi tout cela ? Je n'avais pas les croyances infantiles des gnomes, ne pratiquais qu'occasionnellement les activités barbares des trolls, et méprisais le fatalisme des elfes immortels. J'en conclus que, pour une fois, je me sentais plutôt en phase avec les humains et les nains : les volcans n'étaient que des trous et il fallait être fou pour s'en approcher à moins d'être sûr qu'ils ne vous rapportent une belle somme d'argent.

Une chose m'apparaissait certaine : les volcans, ce n'était pas une maladie. La grippe humaine, la *gobelinole* et même la *glaryngite* des trolls étaient reconnues comme des maladies. Mais une épidémie de volcans, ça non, je ne pouvais y croire !

J'en venais donc, une nouvelle fois, à me poser des questions sur les capacités mentales de mon commanditaire.

En fait, comme souvent, je m'interrogeais sur mon commanditaire tout court : qui était-elle ? En effet, je n'imaginais pas qu'elle fût autre chose qu'une belle femme. Si je me laissais aller à penser, ne serait-ce qu'un instant, que c'était une assemblée de vieillards qui me demandait d'aller de-ci de-là, pour redresser les torts et répandre la justice, j'abandonnerais tout, pièces d'or ou pas.

Une vague un peu plus forte, un éclair fabuleux dans le ciel, des cris alarmés parmi l'équipage, tout cela coupa court à mes réflexions.

Holfastroem n'était toujours pas en vue, mais je commençais à imaginer, à défaut de comprendre, les effets d'une épidémie de volcans sur l'environnement. Je connaissais assez bien la virulence des tempêtes sur cette mer : elles ne duraient jamais aussi longtemps et ne ressemblaient pas à ça !

Quoi qu'il se passât sur Holfastroem, cela avait des répercussions spectaculaires ici, tout autour de la coquille de noix qui me transportait. Les rouleaux de nuages d'une noirceur fabuleuse se teintaient maintenant, même en plein jour, d'un rouge de sang, maléfique. Des éclairs frappaient des vagues démesurées, produisant d'abominables déflagrations et des éclaboussures. L'horizon, lorsque les vagues me permettaient de l'apercevoir, me paraissait aussi rouge.

Je me demandais soudain quels seraient mes sentiments une fois que je serais devant le volcan capable de provoquer de tels bouleversements. Puis je pensais à la population de chercheurs d'or qui habitait principalement l'île. Puis je pensais à ma mission.

Je pensais, donc, quand quelque chose me frappa la nuque. Je me retournais. La nuit tombait, mais je distinguai clairement le capitaine du navire, le type qui avait gentiment accepté de me prendre à son bord, moyennant quelques tâches subalternes : nettoyage du pont, vaisselle, chants, lessives, réparations de cordage, peinture, etc. En fait, j'avais tellement mal au cœur que je n'avais rien fait durant la traversée.

Il avait l'air surpris que son gourdin ne m'ait pas estourbi ; à vrai dire, je l'étais aussi vu la taille de l'engin.

La surprise de l'homme-lézard passa, et à la place, une lueur s'alluma dans ses yeux reptiliens. Une lueur que je n'aimais pas du tout.

Elle disait : « On ne pêche rien et la tempête va finir par nous couler. Tu nous portes malheur. Et en plus, tu ne fais rien. Tu es grand, tu es lourd et tu risques même de nous faire chavirer. Et maintenant que j'ai échoué à t'assommer, il va falloir que je te tue. »

Du coin de l'œil, je consultai le reste de l'équipage massé derrière son capitaine. Visiblement, ils s'attendaient tous à une sale réaction de ma part, parce qu'ils tenaient qui un couteau, qui un pic, qui un bâton.

Ah ! Je faisais donc face à une demi-douzaine d'hommes-lézards armés et déterminés. Certes, je mesurais plus du double d'eux et j'étais rompu à la technique des bagarres en tout genre. Mais ces gars-là chassaient le poulpe géant : pour eux, un semi-troll comme moi se passait aussi facilement par-dessus bord qu'une sardine laineuse avariée. Je ne savais pas quoi faire, alors je m'emparai du capitaine et le dressai au-dessus de moi, pour le balancer sur le premier qui s'approcherait. Ce n'était pas une posture très évidente, car je devais dans le même temps garder un équilibre précaire sur un pont virevoltant, balayé par l'écume de vagues sauvages.

Nous restâmes pourtant dans cette position pendant quelques instants, puis deux événements assez improbables me sauvèrent, momentanément. Le premier prit la forme d'un tentacule géant surgissant au faîte d'une vague monstrueuse surmontée d'un éclair si grand qu'il devait être relié au centre de l'univers.

À l'apparition de cette horreur, il y eut un blanc. Je regardai le capitaine que je tenais toujours au-dessus de moi. L'équipage, médusé, restait immobile.

La tête en bas, le capitaine fut le premier à réagir :

– Lasssse-moi imbésssile ! siffla-t-il.

J'acquiesçai et le reposai sur le sol. Il lança des ordres et les hommes-lézards s'éparpillèrent sur le pont de notre coque de noix. Deux canons à harpons furent dévoilés, leurs engrenages remontés et placés dans la direction du cauchemar vivant.

C'est là que je me suis mis à crier.

Je venais de voir deux autres tentacules. Sous le bateau, j'imaginais maintenant une horde de pieuvres géantes, et il était clair que je n'étais pas prêt à les affronter.

Le second événement survint alors que le premier tentacule s'était emparé d'un pêcheur, le projetant si haut qu'il disparut un instant dans la masse nuageuse. Je hurlais encore lorsque, venu du ciel, un projectile énorme fracassa le pont du bateau.

À nouveau, nous nous regardâmes. Mais cette fois-ci, ce fut très bref. Car le navire se brisa en deux et ce fut la fin du monde. Nous sombrâmes silencieusement au milieu d'une forêt de tentacules immondes. Nous allions rejoindre des becs vicieux sous les flots qui nous avaleraient sans même nous mâcher, et finir dans des estomacs qui nous digéreraient très lentement.

La nuit, la mer et la tempête nous engloutirent tous. À la lueur des éclairs, je devinai pourtant tout ce qui nous entourait. Il se remit à pleuvoir des projectiles rougeoyants qui s'enfonçaient dans l'eau en sifflant. Je compris enfin que c'étaient là des morceaux de ma mission qui nous tombaient dessus, des roches évacuées par un volcan.

Curieusement, je repris espoir : l'île était donc moins loin que je ne le pensais.

Et puis j'avais une chance de mourir très vite, si celle-ci voulait bien que je me prenne une roche en fusion sur la tête.

Je m'accrochai à un gros bout de bois qui avait dû être un morceau du mât. J'entendis les appels des marins et des hurlements. Il y avait aussi une sorte de bruissement. Mais mon cœur partit au bord de mes lèvres lorsque je compris que c'était le vent qui sifflait en glissant sur la peau caoutchouteuse des tentacules.

J'avais froid, mal au cœur, j'étais terrifié et en plus quelque chose m'effleura les jambes.

J'étais dans une situation plus que délicate. Le moment était donc venu que je fasse usage d'un peu de magie.

Mon cas était si désespéré que mes doigts engourdis par le froid n'arrivaient pas à se saisir du tout petit bout de papier enroulé. Pire, je ne savais pas lequel des trois sortilèges choisir et il me fallait un minimum de lumière pour pouvoir lire les symboles inscrits sur le parchemin. Comme d'habitude, je pris l'un des papiers au hasard. C'est alors que je décollai brutalement hors de l'eau, saisi sous le ventre. J'étais maintenant le jouet d'une pieuvre géante ! Je hurlais en m'accrochant à mon malheureux bout de papier sans même savoir si c'était le bon sortilège.

De la lumière, il me fallait de la lumière !

J'avais toujours eu de la chance : tout ce que j'avais voulu entreprendre dans l'urgence, je l'avais réussi ! Une nouvelle fois, la chance fut avec moi.

Il y eut trois éclairs, suffisamment longs pour que je déchiffre les sept runes.

Je n'avais aucune idée de ce qui allait m'arriver, mais cela ne pouvait pas être pire que de se balancer au bout d'un tentacule géant au milieu d'un océan déchiré par la tempête et des projectiles volcaniques.

Une fois lu, le sortilège se froissa, prit feu et disparut. Je restai suspendu dans les airs. Puis je sentis un terrible courant d'air et je fus totalement ébloui. L'instant d'après, mes genoux prenaient violemment contact avec un sol tranchant. J'avais mal mais, au moins, je savais que j'étais sur la terre ferme. Si ferme et si tranchante que je me mis à saigner des mains, des genoux, des pieds, car mon corps ballotté par les vagues s'écorchait sur les rochers.

Je baignais dans un épais brouillard puant illuminé de rouge. Le soleil se levait-il enfin ?

Non.

C'était la lumière produite par le volcan d'Holfastroem. Et le brouillard était lié au dégagement de vapeur produit par la lave au contact de l'eau. Et la puanteur venait des gaz que l'île laissait échapper par toutes ses ouvertures.

J'étais arrivé.

Le sortilège m'avait conduit directement sur l'île. Si je l'avais su plus tôt, j'aurai pu m'épargner cinq jours de voyage cauchemardesque. Je me hissai sur des rochers plus plats, hors de portée des vagues. Là, je mis quelques instants avant de comprendre que le grondement qui sourdait d'un peu partout ne venait pas seulement de l'océan : sous mes pieds, la terre vibrait, tremblotait. Que pouvais-je y faire ? Je haussai les épaules puis brisé, blessé, vidé, terrifié, gelé, me laissai tomber. Je sombrai alors dans une douce inconscience bienfaitrice sur ce sol si chaud, si doux, si bon…

- 3 -

… si chaud ! Je me réveillai dans une position très inconfortable, à moitié à genoux, le tronc à moitié vrillé, une joue à moitié posée sur un rocher l'autre sur… quelque chose de très chaud. Je poussai un petit cri enroué, parce que cela était *vraiment* chaud, quasiment brûlant en fait. En partie inconscient, avec l'impression d'avoir six mois de sommeil en retard, je me relevai en frottant ma joue endolorie. Il ne faisait ni jour, ni nuit. Ce bout de côte rocheuse baignait dans une lueur rouge qui se reflétait sous le plafond des nuages en colère.

Là où ma joue s'était posée, je vis un trou dans le sol. Oh, pas grand, de la taille d'un gravier. Sans sa couleur rouge, je ne l'aurais d'ailleurs pas vu. Je m'approchai de lui, jusqu'à sentir l'irradiation de la chaleur sur mon visage.

Il fallut que je trempe mon doigt dedans (et me le brûle vilainement) pour me rendre à l'évidence : pendant que je dormais, un volcan, un mini volcan, un bébé volcan était apparu sous ma joue ! Sur le moment, je me mis à rire.

OK, vraisemblablement, les volcans poussaient ici comme des champignons. Mon rire cessa et l'agacement pointa : pourquoi m'étonner ? J'étais là pour cela, pour arrêter une satanée épidémie qui faisait croître des volcans sous les joues des gens évanouis.

Mais avant cela, il fallait que j'escalade la falaise

qui se dressait devant moi. Elle était noyée dans un nuage de vapeur rouge et je n'avais aucun moyen de savoir à quelle hauteur elle allait m'emmener. Mais je n'avais pas le choix. Si je ne partais pas d'ici au plus vite, la marée montante se ferait un plaisir de me prendre dans ses rouleaux géants et de me transformer en algue molle et plate. Je m'étirai pour trouver une prise en hauteur et je hurlai. Toutes les croûtes de sel et de sang mêlés qui recouvraient mon corps s'étaient rouvertes d'un coup.

Péniblement, grimaçant de souffrance, j'entamai l'ascension de la falaise, de ses rochers éboulés, de sa végétation calcinée. Je mis un petit moment avant de réaliser qu'elle était par endroits recouverte de lave tiède. Je m'arrêtai souvent, à la recherche d'un peu d'air pur pour mes poumons remplis de soufre et de vapeurs nauséabondes.

Comment allais-je faire pour m'approcher du volcan sans aucune autre protection que ma peau ? Certes, la chitine qui me servait d'enveloppe extérieure était plus résistante à la douleur que la peau humaine mais quand même ! Et puis, j'allais mourir asphyxié avant même d'arriver en haut de la falaise, non ? À cet instant précis, j'imaginais encore, pauvre naïf, qu'il n'y avait qu'un seul volcan en activité, et qu'il me suffirait sans doute de souffler dessus, à l'aide de l'un des deux sortilèges restants, pour l'éteindre !

Après avoir été attaqué par une sorte de mouette déplumée qui me soulagea de plusieurs morceaux de chair, après avoir chuté durement à la suite de secousses du sol plus fortes que les autres, après avoir échappé aux projectiles enflammés qui ne cessaient de pleuvoir, j'atteignis enfin le sommet de la falaise, plus mort que vif, semblable à une crêpe sanguinolente, flambée et fumée à la fois.

Puis, je vis le panorama et j'oubliai mes douleurs. Là, l'ampleur de ma mission me sauta aux yeux.

« Comment vais-je faire ? Plus exactement, que dois-je faire ? Mieux encore... Que viens-je faire ici ? »

Le promontoire sur lequel je venais d'arriver m'offrait une vue imprenable sur le champ de volcans qu'était devenue l'île d'Holfastroem. Dans mes souvenirs, cette île ressemblait à un vaste rocher balayé par les vents et perdu au milieu de l'océan.

En fait, c'est bien ce qu'elle était, ses mines et ses chercheurs d'or en plus.

Mais à cet instant précis, elle ne ressemblait à rien du tout : il y avait des volcans. Partout. L'île était infestée de volcans.

Une épidémie de volcans. Tels étaient les termes employés par mon commanditaire et je n'en imaginais pas d'autres pour décrire ce que j'avais sous les yeux. J'en comptais une soixantaine, de bonne taille, mais il y en avait sûrement deux ou trois fois plus car je ne distinguais pas toute l'île. Et il y avait tous ces petits volcans un peu partout, que je voyais naître quasiment en temps réel, comme celui qui m'avait brûlé la joue. Le plus impressionnant dans tout cela, hormis la chaleur et les couleurs de fin du monde, c'étaient ces marmites géantes creusées dans le sol ! Des trous remplis de roche liquide et incandescente qui palpitait en bulles molles, des bulles grosses comme… des têtes d'oliphant ! Des chaudrons maléfiques, qui allaient pour les uns de leurs crachats de lave, pour les autres de leurs jets de boues, de gaz et de cendres incandescentes… Et le ciel, tout en rouleaux noirs, qui balançait avec rage des éclairs gigantesques !

Au milieu de ce paysage, les sons aussi étaient saisissants. *Bloub bloub, felflflflefll…* Les volcans, malgré la violence et la puissance qu'ils recelaient, se la jouaient en sourdine ! Parfois des colonnes de feu liquides jaillissaient par-dessus les nuages en produisant de formidables *schhllllaaaaf.* Mais c'était tout, il n'y avait pas d'autres sons que celui – *brrrrrrrrroum* – de la terre qui grondait en dessous ou celui plus lointain de la lave qui se mesurait à la froideur de l'océan : *psssccchhhhht.*

Abasourdi et désorienté, je cherchai du regard un chemin à travers ces coulées de roche fondue qui modifiaient à tout instant le paysage, j'envisageai telle ou telle possibilité, je dressai des plans. La conclusion de ces réflexions s'imposa rapidement à mon esprit. Pourquoi moi ? J'étais un spécialiste en bagarre urbaine, en débrouille mesquine et en enquête louche. Je n'avais en aucun cas le pouvoir d'éteindre – ou de soigner – une épidémie de volcans. Ciel et terre noirs, roches liquides rouge sang, jets de gaz et de rochers, affaissements de terrain... Ce cataclysme méritait – au minimum ! – l'intervention d'un dieu !

Je commençais à être un peu effrayé car, à chaque instant qui passait, la question se précisait : le « que vais-je faire ? » était devenu « combien de temps l'île va-t-elle tenir le coup avant de se disloquer ? »

Je m'apprêtai à faire demi-tour et à tenter un retour vers Unzelem à la nage – ce qui, malgré les poulpes et la tempête, m'offrait certainement de meilleures chances de survie que de rester ici à dépeindre le paysage –, lorsque j'aperçus un peu plus loin, dans l'ombre de la falaise, une longue file d'hommes. Ils circulaient péniblement dans les replis figés d'une coulée de lave. Criant, gesticulant, j'attirai leur attention. Des fugitifs ? Des chercheurs d'or ? Des randonneurs ? Des allumeurs ou des éteigneurs de volcans ?

Je m'en moquais. Quels qu'ils soient, j'allais avoir un début d'explication. Peut-être même allait-on me dire ce qu'il fallait que je fasse ?

Je me croyais sauvé : j'allais tomber de très haut et descendre bas, très bas.

- 4 -

Une bande d'humains. J'aurai dû m'en douter. Les chercheurs d'or ne se recrutent que dans deux catégories de races : les humains et les nains. Dans le cas présent, même les nains avaient fui la colère de la Terre. Les hommes que j'avais devant moi étaient à ce point fanatiques qu'ils avaient attendu le dernier moment avant de quitter leurs mines. La terre avait dû trembler, les galeries souterraines remplies de gaz s'effondrer, mais ces types-là étaient restés les mains plantées dans les cailloux, à la recherche de la dernière particule d'or.

Ce n'était pas difficile à deviner : parmi la trentaine d'humains qui me faisait face, il n'y en avait pas un seul qui ne soit pas horriblement brûlé. En fait, j'avais l'impression d'être devant une bande de morts-vivants. La plupart d'entre eux n'avaient plus de cheveux, ni de vêtements. Certes, je ne devais pas avoir l'air plus frais mais au moins espérais-je ne pas avoir ce rictus haineux aux lèvres.

Car deux choses restaient extrêmement vivantes chez eux. La première brillait au fond de leurs yeux. Une lueur sinistre, qui les illuminait vers l'intérieur, comme s'ils se regardaient eux-mêmes. L'or… sans doute, la fièvre de l'or avivée par la perte de leurs mines englouties par la lave. L'autre chose qu'ils maintenaient en action, c'étaient leurs armes. Ils les agitaient, les faisant tournoyer nerveusement dans leurs mains : lances, massues, pierres, couteaux… Mes nouveaux amis se promenaient sur l'île avec tout un arsenal datant des premiers temps du monde.

Visiblement, on m'avait organisé une petite fête de bienvenue. Et il était hors de question que j'y assiste.

Je tournai les talons, courant sur la ligne de crête de la falaise. Ma course tourna court lorsque ma cheville se coinça dans une faille fraîchement ouverte dans le sol de lave.

L'angle affiché par mon pied me convainquit de ne pas me remettre debout. Je me retournai juste pour constater que le fait de m'avoir effrayé ne leur avait pas suffi. Il y avait donc pire que de se retrouver échoué sur une île percluse de volcans en éruption : se retrouver sur une île percluse de volcans en éruption aux mains d'une bande de déments, avec une cheville inutilisable.

Il était temps que je fasse les présentations.

– Salut les gars, désolé pour l'accueil, j'ai cru…

Je ne sus lequel du bâton ou de la pierre me heurta en premier.

Mais il était clair que je n'avais pas droit à la parole.

- 5 -

La suite était tellement évidente que je ne compris pas pourquoi je ne l'avais pas immédiatement imaginée.

Ils s'emparèrent de moi et, me portant au-dessus de leurs têtes, dévalèrent la pente de la falaise.

Au début, leur silence me fit croire qu'ils savaient ce qu'ils faisaient et que c'était pour mon bien qu'ils m'emmenaient loin de cet endroit. En fait, ils me conduisaient à leur chef qui attendait en bas et c'est à cet instant que je compris comment tout finirait. Il trônait au beau milieu d'un amas de caisses brûlées, à demi éventrées. Le contenu s'en échappait sur le sol. De l'or ! Des monceaux d'or. Je n'en avais jamais vu autant !

– Rhôta Bûn ! m'exclamai-je. Que fais-tu là ?

Il fallait comprendre ma surprise. Retrouver ici et en ces circonstances mon pire ennemi, Rhôta Bûn, humain-garou, bandit en chef, travaillant pour le compte d'organisations armées plus ou moins secrètes, avait de quoi être rageant !

Lui n'était pas étonné, juste fou de rage, comme à chaque fois qu'il me rencontrait.

– Héliocrux d'Argognac ! hurla-t-il. Je me disais bien que tout ce bazar n'était pas naturel ! C'est encore toi qui…

– Mais je viens justement d'arriver et…

– La ferme ! Je te tiens enfin, d'Argognac… Tu vas payer pour tout ce que tu m'as fait, pour…

Il énuméra là quelques-unes de nos rencontres précédentes qui s'étaient toujours soldées à mon avantage et par des séjours en prison pour lui.

Ce jour-là, je devais admettre qu'il tenait sa revanche.

– Vaillants mineurs, s'exclama-t-il en se tournant vers la meute d'abrutis qui lui servait d'esclaves, voici enfin l'occasion de calmer les dieux et de regagner nos mines !

J'avais du mal à suivre son discours. Nous étions tous pris de quintes de toux effarantes. La terre tremblait sans arrêt, la puanteur des gaz augmentait… J'en étais à me dire que Rhôta Bûn n'aurait même pas à me tuer, que l'île s'en chargerait avant.

Je ratais donc une bonne partie de son discours sans comprendre ce qui allait m'arriver.

On m'empoigna et je fus hissé à nouveau au-dessus des têtes.

Je dus perdre conscience sous le poids de mes souffrances : j'étais au bout de mes forces. Mais une fois de plus, je me réveillai. J'étais alors debout, solidement maintenu par trois humains, Rhôta Bûn me distribuant des gifles.

– Tu salueras les enfers de ma part, Héliocrux ! cracha-t-il.

Et ils me poussèrent dans le volcan. Ils en avaient choisi un grand, très paresseux qui ne crachait ni pierre, ni gaz, ni lave, pour que j'aie bien le temps de voir la mort arriver.

Loin sous mes pieds, je vis l'immonde soupe rouge et noir qui mijotait à gros bouillons.

Je tombais rapidement et la température augmentait aussi vite. Ma peau s'effilochait. Je… fondais ! Dans un dernier moment de lucidité, je m'emparai de l'un des sortilèges.

À travers mes paupières brûlées, je distinguais une suite de symboles magiques. Puis j'attendis les effets, pensant être transporté dans les cieux, accompagné d'une volée de rossignols, volant par-dessus la mer, pour atterrir dans la clairière d'une forêt enchantée pleine de ruisseaux chantants et de fées souriantes.

Il ne se passa rien. J'atterris dans la soupe de lave fondue en une explosion de lave mi-solide, mi-liquide.

Je hurlais pour échapper au grésillement de ma chair qui cuisait.

Curieusement, il ne se passa rien non plus. Je ne brûlai pas, je ne mourus pas… La chaleur, pourtant au-delà du supportable, ne me posait plus aucun souci ! De même, je respirais mieux. Je touchais ma peau, mon visage, mes vêtements… la roche fondue s'accrochait à eux par paquets, comme l'aurait fait de la purée, mais elle ne me brûlait pas.

Prudemment, je fis quelques brasses dans la lave : cela offrait plus de résistance que l'eau mais globalement, ce n'était pas plus difficile que ça ! Je me permis même de goûter la lave. Cela avait un goût… de terre et de fer aussi.

Ainsi, le sortilège me permettait de survivre au milieu de cet enfer !

Au bout d'un moment, je me mis à rire. Je nageai dans de la lave, tout au fond de la cheminée d'un volcan ! Certes l'ambiance était sinistre et je n'avais sans doute que quelques instants à vivre avant d'être projeté dans le ciel, cuit et recuit, mais en cet instant, enfin libéré de tout, je me sentais bien !

Puis mon rire s'arrêta. Quelque chose sous mes pieds tentait de m'attirer vers le fond. Mon imagination me renvoya quelques heures auparavant lorsque j'essayais de survivre au milieu des poulpes.

Des poulpes au fond des volcans… non ! C'en était trop pour moi, je me remis à hurler.

C'est à ce moment-là que le volcan s'évacua par le fond, comme l'eau dans un évier.

Je disparus dans le siphon, entraîné à la suite de la lave, dans les profondeurs de la Terre. Je tourneboulais en tous sens, sans rien pour m'accrocher, me débattant au milieu d'un liquide orange et bouillonnant qui était parfois trop solide, parfois trop fluide... Inquiet, je finis par me demander si le sortilège avait le pouvoir de me protéger de la folie...

Car, entraîné au fin fond de galeries souterraines par la Terre en fusion, je me mis à avoir des hallucinations : à un moment, le flot me charria dans une caverne où je distinguai très nettement de gros œufs. Mais le courant m'entraîna plus loin encore, au milieu d'un dédale de statues de roches figées en des postures hideuses : stalagtites, stalagmites, ces colonnes de roches enflammées paraissaient vivantes. Elles fondaient, puis se stabilisaient, avant de fondre à nouveau. Je dus l'admettre, c'était sublime et grandiose ; je touchais un secret qu'aucun être vivant n'avait approché. Mais j'étais terrifié, totalement égaré au milieu du labyrinthe du cœur du monde. J'étais seul, maintenu en vie par un sortilège qu'un ou une inconnue m'avait envoyé. Je pleurais et je riais en même temps. Je chantais aussi, histoire de voir quels échos je pouvais réveiller en ces lieux antiques.

Puis je vis passer, juste à côté de moi, un long corps souple qui évoluait comme un immense serpent. La chose m'effleura.

Je pensais encore une fois aux poulpes, et je sus que j'étais enfin devenu fou.

Je me débattis tant et tant contre le courant de lave ardente que je finis par m'en extirper. Là, sur la berge d'une caverne perdue au fond du monde, je me traînais sur le sol fumant, suppliant qu'on m'ôte enfin la vie.

Quelqu'un m'exauça, juste à moitié, en ne m'enlevant que la conscience.

Quand je me réveillais, quelques minutes, jours, mois ou siècles plus tard, on me regardait.

Deux yeux fixes, froids, des yeux étrangers au soleil, des yeux qui ne connaissaient que l'obscurité chaude des entrailles de la Terre.

- 6 -

J'avais déjà fait le tour de tous les cris d'horreur, de douleur et de terreur que je connaissais. Ma voix en était même brisée. Alors, tout simplement, je dis :

– Qui êtes-vous ?

Dans la pénombre rougeoyante, les yeux clignèrent. Derrière eux, un corps gigantesque bougea et je sentis le courant d'air provoqué par ce mouvement.

L'instant d'après, un rugissement incroyable me rendait à moitié sourd.

– OK ! Pardon ! hurlai-je en m'aplatissant par terre, pour montrer que je n'étais pas dangereux.

Une flamme gigantesque déchira l'obscurité illuminant, l'espace d'un instant, la fabuleuse grotte dans laquelle j'avais échoué.

Je vis des œufs. Plein d'œufs. Des œufs de dragon, forcément, comme celui qui venait de cracher ce feu.

Un dragon de lave ! J'étais dans l'antre de l'un de ces animaux de légende, l'un de ces animaux qui, comme l'hydre, n'existent que dans les contes. Je connaissais l'existence de dragons de boue, de suie, de pierre et même de glace. Mais celui qui se dressait devant moi tenait du mythe !

Je rampai devant lui, car son pouvoir de terreur et sa taille étaient tels que je me retrouvais l'esprit dénudé. Et je le révérai, oh ! oui, je le révérai car c'était un roi, un dieu, un secret du monde.

Le grand dragon se contenta de m'ignorer. Je reculai afin de ne pas être écrasé et je le vis faire basculer plusieurs œufs dans le lit du torrent de lave qui m'avait amené ici. Il cracha plusieurs jets de flamme liquide et le torrent rougit, reprit de la vigueur et s'ébroua, emportant les œufs avec lui.

La lumière se fit dans mon esprit.

Les volcans sur l'île. Les œufs *sous* l'île.

Il ne s'agissait pas d'une épidémie. Mais de naissances.

J'éclatai de rire, c'était si simple à deviner. Le grand dragon était venu faire éclore ses œufs trop près de la surface du monde. Du coup, le sol en venait à se déchirer, incapable de supporter la

puissance délivrée par ces éclosions et par les mouvements des nouveau-nés.

Curieusement, cela me rasséréna. J'allais mourir ici, ignoré de tous, mais j'avais enfin l'explication de l'histoire. Bien sûr, je ne pouvais rien faire pour contrer l'épidémie : outre le fait que je ne pouvais pas parler à l'animal, je me voyais très mal lui expliquer d'aller pondre ailleurs.

Alors, je restai immobile, m'emplissant les yeux de la majesté du dragon géant, avant que la mort ne vienne me chercher.

Puis je me souvins qu'il existait encore un sortilège.

Je m'interrogeai sur les conséquences de son utilisation. Fort de l'expérience de plusieurs enquêtes, je savais que les sorts que l'on me faisait parvenir par araignée porteuse, servaient principalement à me sauver la vie.

Le premier sort m'avait fait voyager en un éclair. Le deuxième m'avait donné une peau de dragon. Qu'allait-il se passer avec le troisième ?

La terre allait-elle s'ouvrir pour répandre ici toute l'eau de la mer et éteindre les incendies que le grand dragon avait allumés ? Allait-il me donner le pouvoir de tordre le cou à l'animal gigantesque ?

Si la réponse était oui, il était hors de question que je l'utilise : je ne pouvais pas, je ne voulais pas faire de mal à un tel animal.

Après un long moment, alors que je commençais à avoir faim et à avoir envie de rentrer chez moi, je dépliai le dernier parchemin et le lus.

Je rentrai la tête dans les épaules, m'attendant à voir les flots de l'océan et ses imbéciles de poulpes géants faire irruption ici.

Il ne se passa rien et je m'en agaçai à haute voix :

– J'en ai marre de ces sorts stupides. On ne pourrait pas m'expliquer à quoi sert de...

Je m'arrêtai soudainement, figé par l'intensité du rugissement qui venait de sortir de ma bouche.

– QUOI ? QUE DIS-TU ? me répondit le dragon.

S'ensuivit un dialogue surréaliste, le dernier sort m'ayant donné la soudaine opportunité de parler le langage des dragons.

Après une brève présentation, j'exposai le motif de ma présence ici. Curieusement, le dragon ne se courrouça point. Il se montra même assez étonné et fort ennuyé de la gêne qu'il avait occasionnée lors de sa ponte millénaire.

Comme quoi je n'avais pas de chance : les dragons de lave ne pondent qu'une fois tous les mille ans et il avait fallu que j'y assiste au premier plan.

L'animal m'assura de sa bonne foi et promit qu'il allait rapidement remédier à tout ce bazar.

Bref, contre toute attente, j'avais accompli ma mission ; même si l'île avait été dévastée, elle était toujours là.

Mon retour fut certes périlleux, mais bien moins que ce que j'avais vécu à l'aller.

Épilogue

Aucun vulcanologue qu'il soit nain, humain ou elfe ne put expliquer pourquoi un volcan était apparu à cet endroit, à quelques lieues à peine d'Unzelem. De même qu'un éventuel spectateur n'aurait pas pu expliquer pourquoi et comment un semi-troll fumant avait pu en émerger.

– Je suis revenu m'occuper de vous, sales humains ! criai-je d'une voix éraillée en entrant dans les premiers faubourgs de ma bien-aimée ville puante.

J'étais dans un sale état, mais j'étais enfin à la maison. J'étais de bonne humeur : personne, sauf peut-être les grands sorciers, ne pouvait se vanter d'avoir connu ce que j'avais vécu ces dernières heures.

Non content d'avoir soigné une épidémie de volcans en parlant avec un dragon sacré, j'avais aussi voyagé sous l'océan, dans les grands courants de lave, transporté par ce même dragon qui m'avait pris en amitié.

Le dirai-je ? Nulle mission ne m'apporta autant de bonheur, malgré les six mois d'internement forcé, à l'hospice des Bienheureux qui en découlèrent.

Pourtant, au milieu de l'hiver, lorsque j'entendis très clairement le *hum hum* caractéristique des araignées porteuses, je me mis soudain à trembler. Une nouvelle mission, déjà ?

Biographies

Biographies

Les ombres du Vésuve

de Marie Bertherat
illustré par Thierry Alba

Marie Bertherat

Journaliste pour différents magazines, elle se consacre maintenant à l'écriture de livres et de cédéroms publiés aux éditions du Seuil, Bayard, Atlas... Elle aime également tenir ses jeunes lecteurs en haleine dans sa collection de romans policiers « Les enquêtes du Samovar » chez Fleurus.

Thierry Alba

Il a étudié la philosophie, la musique et a joué du saxophone avant de se consacrer au dessin. Il commence dans la bande dessinée, puis dans la presse, avant de se lancer dans l'illustration de livres pour la jeunesse chez Flammarion, Nathan, Bayard ou Gallimard. Il a travaillé avec Jerome Charyn sur un livre sur New-York et prépare actuellement un ouvrage sur le jazz.

Biographies

Les dessous du volcan

de Johan Heliot
illustré par Bruno Bazile

Johan Heliot

Il est né en Franche-Comté en 1970 et vit actuellement en Champagne, entouré de nombreux animaux. Après avoir enseigné le français et l'histoire-géographie, il se consacre aujourd'hui entièrement à l'écriture, avec une prédilection pour la science-fiction et le fantastique : tout ce qui décolle de la réalité – pas assez fantaisiste à son goût !

Bruno Bazile

Après le bac, ce Breton poursuit ses études à Rennes, où il rencontre Michel Plessix. Professeur de dessins, il publie de nombreuses BD dans la presse pour enfants. Il s'associe à Michel Plessix pour faire paraître deux albums de la série *Forell et fils* chez Dargaud, puis travaille avec Pierre Veys sur la série *Les Avatars* (trois tomes parus chez Dargaud) et sur *Arthur et Merlin*, paru en 2004 chez Soleil Productions. Il a aussi publié seul *Les Faussaires*, en 2001, chez Hors-collection.

Biographies

L'assassin de Saint-Pierre

de Xavier Mauméjean
illustré par Jean Trolley

Xavier Mauméjean

Auteur de romans policiers et de science-fiction, il a reçu le prix Gérardmer du roman fantastique en 2000 et le prix Bob Morane en 2003. Il écrit aussi des pièces pour la radio (France-Culture) et vit dans le Nord avec sa femme et leur fille, Zelda.

Jean Trolley

Après avoir étudié le piano classique et le jazz, il devient saxophoniste professionnel tout en exerçant divers métiers. À partir de 1980, il se lance dans l'illustration et publie aux éditions Magnard, Atlas, Nathan et Zulma. Il travaille sur de nombreux sujets historiques et collabore régulièrement à la revue *Histoire médiévale* (éditions Harnois). Passionné de cinéma, il a également plusieurs projets de bande dessinée.

Biographies

Réveiller la vie

de Johan Heliot
illustré par Marc Bourgne

Johan Heliot

Il est né en Franche-Comté en 1970 et vit actuellement en Champagne, entouré de nombreux animaux. Après avoir enseigné le français et l'histoire-géographie, il se consacre aujourd'hui entièrement à l'écriture, avec une prédilection pour la science-fiction et le fantastique : tout ce qui décolle de la réalité – pas assez fantaisiste à son goût !

Marc Bourgne

Après avoir enseigné l'histoire et la géographie, il se lance dans la bande dessinée avec *Être libre*, désormais disponible sous le titre *Dernière frontière* aux éditions Théloma-Carabas. En 1998, les éditions Dargaud lui confient la reprise de l'une de leurs séries mythiques, *Barbe Rouge*, sur un scénario de Christian Perrissin. Il travaille actuellement sur une série policière intitulée *Frank Lincoln* : les trois premiers tomes sont parus chez Glénat.

Biographies

Dompteur de volcan

de Pascale Védère d'Auria
illustré par Dominique Rousseau

Pascale Védère d'Auria

Quelques vagues diplômes en poche, elle s'oriente au début vers les planches et devient comédienne. Mais elle se lasse, et surtout elle rencontre l'homme de sa vie à qui elle donne trois beaux enfants. Elle abandonne le théâtre et se tourne vers l'écriture, imaginant des histoires d'abord pour ses enfants puis pour tous les autres. Aujourd'hui, elle ne conçoit plus la vie sans son carnet de notes rempli d'idées pour ses prochains romans, ni sans le clavier de son ordinateur.

Dominique Rousseau

Il a étudié le cinéma, joué dans des groupes de jazz et interprété différents rôles au théâtre. Il fait ses débuts dans la bande dessinée en 1978, dans *BD Hebdo* puis *Charlie Mensuel*. Dessinateur de *Condor* chez Dargaud, il collabore régulièrement à la revue *Je Bouquine*. Il anime des ateliers et des stages pour enfants et adultes autour de la BD.

Biographies

Épidémie de volcans

d'Emmanuel Viau
illustré par Patrick Deubelbeiss

Emmanuel Viau

Il se passionne pour la science-fiction, les jeux et la musique. Quand il ne lit pas, il est journaliste à *Je Bouquine* et écrit des histoires pour la jeunesse. Il signe notamment toute la collection d'aventures épiques « Tessa et Lomfor » chez Fleurus. Son rêve serait de jouer en concert sur la Lune, sur Mars ou même en dehors du système solaire…

Patrick Deubelbeiss

Dessinateur et auteur de BD (trois albums chez Casterman aux côtés de Benoît Peeters), il travaille pour des journaux destinés aux enfants, et illustre, entre autres, les dossiers Histoire d'*Image Doc*. « Le plaisir de dessiner et le goût de raconter des histoires m'ont naturellement conduit vers ce métier qui permet de plonger dans divers univers, où je peux rêver sans discontinuer… »

Composition : Tournai Graphic
Achevé d'imprimer en juillet 2006
par Légoprint en Italie
2e édition – n° 92615